중독 인생

※ 이 도서의 국립중앙도서관 출판예정도서목록(CIP)은
서지정보유통지원시스템 홈페이지(http://seoji.nl.go.kr)와
국가자료공동목록시스템(http://www.nl.go.kr/kolisnet)에서 이용하실 수 있습니다.
(CIP제어번호: CIP2019019197)

한국에서
마약하는
사람들

중독인생

강철원
안아람
손현성
김현빈
지음

북콤마

일러두기

책 속에 등장하는 마약 투약 경험자와 증인, 또 그들 가족의 이름은 모두 가명이되 간혹 성을 밝혔다.
인물의 나이는 인터뷰를 진행할 당시의 나이를 적었다.

출소자와 보름 동안 합숙,
투약 경험 100명과 인터뷰

마약은 가깝고도 먼 이야기다. 대중 매체를 통한 자극적인 잔상 때문에 익숙한 모습으로 각인돼 있지만, 그동안 극소수 사람만이 경험하는 다른 세상으로 인식됐다. 마약을 경험한 사람은 과거를 감추고 위축됐으며, 마약을 경험하지 않은 사람은 편견과 선입견을 갖고 흥미 위주로 바라본다. 우리는 마약이 그들만의 예외적인 문제가 아니라, 우리 사회 깊숙이 퍼진 이웃의 문제라는 시각으로 접근했다.

마약은 빠르게 확산돼 이미 우리 사회의 건강성을 위협할 정도로 위험 수위에 도달했다. 2018년 전체 마약류 사범은 1만 2613명이었다. 수사기관에 인지되지 않거나, 공식 통계에 잡히지 않는 암수 범죄는 20~30배에 달할 것으로 추정된다. 가상 화폐나 온라인 거래 등 마약 유통 수단의 첨단화도 한 요인이겠지만 조직폭력배나 유흥업소 종사자, 유학생 일탈로 치부할 수 있는 단계를 넘어선지 오래다. 이제는 무조건 그들을 외면하기보다는 가감 없이 그들의 모습을 드러내는 게 현실을 제대로 인식하고 해결책을 마련하는 지름길이 될 수 있다.

2017년 12월 중순 권씨 아버지는 사랑하는 막내딸의 흉을 밝히는 쉽지 않은 결정을 했다. 마약류(필로폰) 중독에 빠졌던 딸의 '잃어버린 10년'을 털어놨다. 그는 전하고픈 말들을 빼곡히 적은 A4 용지 한 장을 점퍼 안주머니에서 꺼냈다. 마약에 빠진 이의 비참한 삶과 곁에서 지켜보는 가족이 겪은 모진 고통을 담담히 얘기했다.

권씨를 비롯해 마약 투약 경험자 100명을 심층 인터뷰했다. 앞서 2016년 하반기에는 언론사 최초로 마약 투약 경험이 있는 출소자들이 머무는 인천의 한 재활 공동체에서 보름 동안 합숙하며 밀착 취재를 하기도 했다. 아울러 비슷한 시기 수감된 마약 사범들에게 단약(마약을 끊음) 의지를 주는 교육을 해온 종교계 인사의 도움을 받아 전국 20여 곳 교도소·구치소 마약 사범 300명을 대상으로 마약 실태 설문조사도 실시했다.

세상이 잘 들어주지 않는, 범죄자라는 이유로 잘 믿어주지 않는 이들의 목소리를 듣고, 그들의 시선에서 대한민국 마약의 실태를 짚어 보고자 했다. 그래야만 짐작도 못 했던 현주소를 제대로 인식하고 문제점을 제대로 파악할 수 있다고 판단했다. 마약류 관련 대책의 관점 전환의 계기가 될 수 있는 포인트들을 제시해야 방대한 지면으로 펼치는 '마약 리포트'를 쓰는 의미가 있었다.

마약류 의존자 취재가 순탄치만은 않았다. 예기치 못한 돌발 상황도 더러 있었다. 죄질이 훨씬 나쁜 마약 판매자가 자신의 고객들을 수사기관에 대거 넘기는 대가로 약한 처벌을 받는 관행을 문제삼으며 판매자 엄벌을 촉구하는 1인 시위를 하던 50대 상습 투약자를 여러 번 만나 인터뷰했다. 음지의 마약 사범이 매우 이례적으로 고개를 들고 세상에 나와 "투약자를 치료해야 한다"고 외친 것이 때마침 기획 취지에 딱 맞아떨어지기에, 그의 스토리를 방대한 분량으로 취재했다. 특히 그는 1인 시위 중인 자신에게 필로폰을 건네며 의리(?)를 보인 지인을 경찰에 신고해 처벌받게 하는 등 강한 단약 의지를 보여서 '극복기'에 들어갈 인물들 중 한 명으로 다루려고도 했다. 그는 마약을 할 이유가 없다고 단언했던 인터뷰이였다.

하지만 그에 관한 기사 초고를 작성할 무렵, 다른 취재원에게서 매우 뜻밖의 소식을 들었다. "그가 다시 마약에 손을 대 구속됐다"고. 어쩔 수 없이 그를 극복기 파트에서 뺄 수밖에 없었다(다만 그의 문제의식은 합리적이었고, 취재하면서 확인된 부분은 반영했다).

증거 사진까지 보내주며 인터뷰에 응했던 젊은 여성이 갑자기 극도로 불안에 떨며 "없던 일로 해달라"고 호소하는 일도 있었다. 그녀는 구치소와 교도소에만 가면 초범이라도 마약 전문가가 되어 출소하는 실태를 적나라하게 알려줬다. 마약 사범끼리만 판매자와 투약자 구분 없이 '향방'(마약 사범 수용 감방)에서 한데 어울려 지내면서 판매책과 알선자 등의 온갖 연락처를 노트에 적어 출소해, 마약을 훨씬 쉽고 싸게 구하게 되면서 심각한 마약 중독에 빠진 자신의 처지를 털어놨다. 싼값에 마약을 사게 되는 건 감방에서 그들끼리 신뢰가 쌓여서다. 마약에는 '위험수당' 성격이 있다. 거래 위험이 낮을수록 가격이 싸진다. 참고로, 수십 명의 마약 사범들은 "친하면 공짜로 준다. 출소하면 고생했다고 바로 주사기 하나를 준다. 이른바 '출소뽕'이다"라고 말하기도 했다.

다시 그녀의 얘기로 돌아가서, 교정 시설이 '마약 사관학교'나 다를 바 없는 실태를 상세히 알려준 그녀는 인터뷰 내용 정리가 끝나기도 전에 "기사로 내지 말아달라"고 번복했다. 언론 인터뷰에 응한 뒤 극심한 불안이 생겨 힘들다고 호소했다. 매우 당황했다. 한동안 고민했다. '교정 시설＝마약 사관학교' 얘기는 인터뷰했던 거의 모든 마약 사범과 전문의, 변호사 등이 한결같이 지적한 문제였으나, 그녀는 결정적인 증거인 '마약 노트'를 사진으로 제공한 핵심 취재원이었기 때문이다. 운이 좋게도 다른 취재원의 도움으로 투약 초범 A씨가 구치소에서 실제로 마약 판매, 밀수범 등의 연락처를 빼곡히 적은 석 장짜리 마약 노트를 입수하면서 그녀가 제보한 내용의 많은 부분을 덜어낼 수 있었다.

저자 중 한 명이 마약 의존자들과 보름 합숙한 동안에는 한 40대 남성에게 마약을 같이 하자고 강하게 권유받는 일까지 벌어졌다. 이런 우여곡절마저 마약 중독의 특성을 보여주는 것이어서 적잖은 대목을 지면에 반영했다.

우리는 권씨와 김부원 씨를 비롯해 마약을 기어이 끊어내고 회복하는 경우가 실제로 여럿 있다는 희망도 발굴했다. 중독자에게 약물치료를 병행하면서 단약할 수 있는 환경에 지속적으로 노출되도록 하면 극복할 가능성이 있다는 것을 실제 마약 경험자와 전문의 등을 통해 확인했다. 권씨는 병원에서 만난 한 남성에게서 마약을 끊지 못한 여자의 비참한 말로에 관한 얘기를 듣고 상당한 충격을 받았고, 그게 약을 끊는 계기가 됐다. 다수의 마약 중독 경험자를 만나본 권씨 아버지는 "각자 자신에게만 와 닿는 동기를 가슴에 심어주는 사람이 있다. 그 기회를 찾기 위해 부단히 치료 과정에 참여하다 보면 약을 끊을 동기가 강화되는 때가 온다"고 강조했다. 마약 투약자 치료·재활의 체계적 설계가 반드시 이뤄져야 할 때다.

출판 과정에서 많은 분들의 도움을 받았다. 거칠고 투박한 질문에도 세련된 조언으로 응대해준 국립법무병원의 조성남 원장(취재 당시 강남을지병원장)과 인천참사랑병원의 천영훈 원장에게 감사의 말씀을 전한다. 마약 중독 임상 전문가인 김낭희 박사의 해박한 지식과 열정적 연구 활동은 저자들에게 감동을 줬다.

마약범죄의 이면을 친절하게 설명해준 박진실 변호사에게도 고마움을 느낀다. 약물중독 재활센터 '서울 다르크'를 이끄는 원유수 시설장, 일본 다르크 설립자인 곤도 쓰네오, 나고야에서 다르크 지부 두 곳을 운영하는 마쓰라 요시아키도 저자들에게 조언을 아끼지 않았다. 해외에서 목숨을 건 마약범죄 신고로 제2의 인생을 연 어선횟집 남성희 사장도 큰 힘이 됐다.

민간 재활 공동체 '소망을 나누는 사람들'의 신용원 목사에게는 특별히 고마움을 전한다. 그분의 문제의식이 없었다면 이 책은 나오지 못했을 것이다. 마지막으로 여러 차례 한국일보에 출판 기회를 내준 북콤마 출판사에게도 진심으로 감사드린다.

2019년 5월
서초동과 여의도에서
강철원, 손현성이 쓰다

3부 마약하는 사람들

4부 치료를 거부하는 사회

5부 마약 사건 판결문 읽기

6부 재사회화, 재활 공동체

1부

증독자의 뇌

1. 일상 공간과 마약,
커피숍과 거리에서도 거래

윤 모(28세) 씨는 2016년 7월 대마와 LSD, 엑스터시 등을 구입하고 대마를 판매한 혐의로 2017년 징역 2년 6개월을 선고받았다. 윤씨는 국내 명문대에 다니다가 국비 유학생으로 선발돼 2009년부터 일본의 한 대학에서 공부한 모범생이었다. 그는 다른 마약류 사범들과 마찬가지로 '딥웹deep web'의 사이트에서 가상 화폐 비트코인을 이용해 마약류를 사고판 것으로 조사됐다. 딥웹은 구글과 네이버 같은 일반 인터넷 검색 엔진으로는 검색되지 않고 특정 브라우저로만 접속할 수 있는 암호화된 인터넷 공간이다. 초범이지만 전과자나 다를 바 없는 수법을 사용한 것이다.

현직 공무원이나 공기업 직원, 일반 회사원이나 가정주부가 마약류를 투약하고 판매하다 붙잡히는 일은 이제 기삿거리도 안 될 만큼 흔해졌다. 유흥업소 종업원과 조직폭력배의 범죄, 해외 유학생 등의 일탈로 치부하기엔 마약류는 이미 우리 이웃 사이에서 널

— 네덜란드 암스테르담의 여러 커피숍에서 팔고 있는 세 종류의 대마 케이크hash cake.

리 퍼져 있다는 얘기다. 이제 마약범죄는 직업과 나이를 가리지 않고 벌어진다.

마약류 거래 장소도 일상 공간으로 깊숙이 침투하면서 범위를 넓혀가고 있다. 젊은이와 외국인 등이 모이는 클럽이 마약류 거래의 온상이라는 건 이제 옛말이다. 자영업자 이 모(38세) 씨는 2016년 10월부터 2017년 3월까지 엑스터시와 케타민, 코카인 등 마약과 향정신성의약품을 수십 차례에 걸쳐 투약한 혐의로 기소돼 징역 3년에 집행유예 4년, 보호관찰 2년을 선고받았다. 이씨는 서울과 태국의 클럽, 유흥주점 내 화장실이나 룸 등 폐쇄된 곳뿐 아니라 서울 신사동 가로수길의 커피숍이나 주점 화장실 등에서도 공공연히 마약류를 거래하고 투약한 것으로 드러났다. 최근에는 일본 야쿠자와 대만 조직폭력배가 대낮에 서울 지하철 2호선 역삼역 인근 거리에서 필로폰 8.6킬로그램을 거래하다 적발되기도 했다.

세계 마약류 동향

유엔마약범죄사무소(UNODC)가 2022년에 펴낸 '세계 마약 보고서 World Drug Report'에 따르면, 2020년 세계 2억 8400만여 명이 적어도 한 번 이상 마약류를 투약한 것으로 추정된다. 세계보건기구가 2017년 발간한 자료1에 의하면, 2015년 마약류와 관련해 사망한 이의 수는 45만 명에 달하며, 그중 16만 7000여 명이 과다 투약으로 사망했다. 또 전체 마약류 관련 사망자 수의 63퍼센트가 자살하거나 질병에 감염되어 죽은 경우라고 추정했다. 마약류와 관련한 사망은 마약류 과다 복용, 주사기 공용 사용으로 인한 에이즈 감염과 C형 간염 감염, 마약 복용으로 인한 행동 장애와 자살, 차량 사고, 정신적 외상 등이 사유가 된다.

대검찰청 자료인 '2020년 마약류 범죄백서'에서 세계 마약류 동향을 살펴보면, 유통의 흐름이 드러난다. 2018년 기준 세계 아편제의 90퍼센트 이상이 아시아에서 생산되고, 헤로인은 아프가니스탄에서 중앙아시아를 거쳐 유럽으로 들어오는 유통 사례가 증가하고 있으며, 남미에서 생산된 코카인은 모로코와 나이지리아, 우루과이

---

1   세계보건기구 사무국, 'Public Health Dimension of the World Drug Problem.'(2017.03.)

등을 경유해 유럽 시장으로 유입되고 있다. 메스암페타민은 세계 압수량의 80퍼센트가 미국과 멕시코, 태국에 몰려 있고, 2018년 역대 최고 수준인 228톤에 달했다.

또 코로나19로 유흥 시설에서 남용하는 사례가 급감하고 공급이 줄면서 비교적 손쉽게 구할 수 있는 펜타닐 같은 대체 마약류가 늘고 있다. 미국에서 펜타닐을 오남용하다가 사망한 자는 2021년 10만 7620여 명으로 추정된다.

마약 밀매 대형화 추세

대검찰청이 펴낸 마약류 백서에 따르면 한국에서 마약류로 단속된 사람은 2022년 1만 8395명으로 최근 급증하고 있다. 그중 30대 이하 사범이 전체의 59.8퍼센트를 차지했다. 30대 이하 사범은 2022년 기준 1만 988명으로 2018년(5257명)에 비해 두 배 폭증했다.

특히 우려되는 점은 청소년 마약 사범의 가파른 증가다. 19세 이하 마약 사범의 경우 2018년 143명에서 2022년 481명으로 세 배 이상 급증했다. 10대 청소년을 중심으로 마약류가 급속히 보급된 것은 21세기 마약 유통에 20세기 방식으로 대응해 빚어진 결과다.

무엇보다 다크웹과 SNS 등을 통해 인터넷 마약류 유통 시장이 확대되고 진입 장벽이 낮아지면서 마약 사범의 나이가 어려졌다. 여기에 해외여행과 유학이 증가하고 인기 연예인들의 마약 적발 등으로 청소년에 대한 유혹이 높아진 것도 상황을 부추겼다. 마약류를 은밀하게 구입하는 방법 또한 늘었다. 판매 광고를 인터넷 등에 올려 구매자가 나타나면 가상화폐로 대금을 받는 방식이 일반화하고 이른바 '던지기' 방식 등 비대면 거래가 급증했다. 상황은 바뀌었는데 마약 대책은 20세기에 머물러 있다.

관세청에 따르면 2023년 상반기에 국경 반입 단계에서 적발된 마약류는 329킬로그램이었다. 2022년 같은 기간보다 39퍼센트 늘어난 것으로 상반기 기준 역대 최대 적발량이다. 부산 인구(342만 명쯤)보다 많은 505만 명이 동시에 투약할 수 있는 규모다.

적발 건수당 마약 중량도 2021년 446그램, 2022년 810그램, 2023년 1.01킬로그램으로 점차 늘고 있다. 한 번에 많이 들어올 수 있는 방법으로 밀수 방식이 바뀌고 있다는 뜻이다.

마약은 주로 국제우편을 통해 들어왔다. 이어 특송화물, 여행자, 일반화물 순으로 나타났다. 코로나19를 계기로 국제우편과 특송화물을 통한 비대면 방식에 집중되었던 마약 밀수 경로가 여행자 대면 밀수 방식으로, 즉 코로나19 이전의 밀수 형태로 돌아가고 있다.

종류별로는 2023년 상반기 기준 필로폰(140킬로그램)이 가장 많았고 대마(83킬로그램)가 뒤를 이었다. '클럽용 마약'이라 불리는 엑스터시와 케타민, 야바 등도 적발량이 늘어나는 추세다. 국가별로 보면 미국에서 밀반입하려던 시도가 전체의 24.3퍼센트를 차지했다. 이어 태국과 라오스, 베트남, 중국 순이었다

마약 경유지에서 소비국으로, 다시 신흥 시장으로

한국은 더 이상 마약 청정국이 아니다. 2022년 단속된 마약류 사범이 1만 8395명이었으니 인구 10만 명당 35명꼴이다. 유엔이 정의한 '마약 청정국'의 기준인 '인구 10만 명당 20명 미만'을 훌쩍 넘어섰다. 통계를 따르면 한국은 2016년(25명) 무렵에 '마약 청정국' 지위를 진작 잃었다.

게다가 검경 등 단속 기관에서는 단속 수치의 10배, 마약 연구자들은 28배 정도를 실제 마약 사범 수로 추정한다. 한국마약퇴치운동본부는 재활 지원 활동에 토대해 마약류 중독 경험이 있는 인구가 100만 명에 이를 것으로 보고 있다.

한때 국제 마약범죄 조직이 여러 국적의 마약 운반책을 고용하

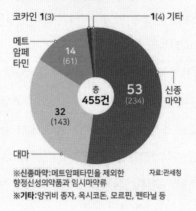

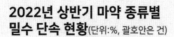

2022년 상반기 마약 종류별 밀수 단속 현황(단위:%, 괄호안은 건)

코카인 1(3) — 1(4) 기타

메트 암페 타민 — 14 (61)

총 455건

53 (234) 신종 마약

32 (143)

대마 —

※**신종마약**:메트암페타민을 제외한 향정신성의약품과 임시마약류
※**기타**:양귀비 종자, 옥시코돈, 모르핀, 펜타닐 등

자료:관세청

표 한국일보

는 식으로 한국을 마약 세탁의 중간 경유지로 이용한 적이 있었다. 1990년대 초까지 태국 등 동남아시아에서 제조된 헤로인이 우리나라를 경유해 소비지인 북미 쪽으로 운반되었다. 2007년 일본 야쿠자가 홍콩에서 필로폰을 한국으로 밀수입한 뒤 가공과 재포장 과정을 거쳐 일본으로 밀수출을 했고, 2008년에는 나이지리아계 밀수 조직이 일본인 운반책을 시켜 브라질에서 한국으로 코카인을 들여오게 한 다음 일본으로 밀수출을 했다.

이제는 동남아 등지의 국제 마약류 공급량이 증가하는 가운데 한국이 마약의 신흥 시장으로 떠오르고 있다. 필로폰 가격을 보면 국내 거래 가격이 1그램당 450달러로 태국(13달러)이나 미국(44달러)보다 크게 높다. 다른 마약류도 비슷하다. 자연히 밀수할 동기가 커지고 공략할 시장이 되는 셈이다. 여기에 세계 최고 수준의 정보통신기술 환경과 청년층 등의 매우 높은 온라인 활용성 등이 근년 들어 온라인 플랫폼을 이용한 마약 유통의 진화 추세와 맞아떨어지며 마약 확산을 촉진하고 있다.

또 신종 마약류가 증가하면서 마약에 대한 부정적 정체성이 희석돼 심리적 방어 기제가 무너지고 있는 것도 중요한 현상이다. 필로폰이나 코카인 같은 기존 마약엔 거부감이 강하지만 엑스터시나 물뽕 같은 건 '한 번쯤 해도 되는 것 아니냐'는 정도로 인식되고 있는 게 문제다. 대마 사범의 급증은 미국과 캐나다 쪽의 합법화 추세가 반영된 것으로 보인다.

———————————

영혼을 빼앗겼다(중독자): "히로뽕을 하면 몸은 아프지는 않은데 꼭 머리에 누가 들어온 거 같아요. 누가 히로뽕 얘기만 해도, 먼저 가슴이 뛰고 배가 아프고 화장실을 가야 하고 그래요. 영혼을 빼앗겼다는 말이 맞는 것 같아요. 몸이 기억을 하니까."

2. SNS와 비대면 거래

우리는 누구든지 마음만 먹으면 인터넷이나 소셜 미디어 등을 통해 마약류를 구매할 수 있는 현실을 마주하고 있다. 2014년 이후에는 인터넷과 휴대폰을 이용한 랜덤 채팅을 통해 구매자와 판매자가 직접 접촉하지 않고 '비대면非對面'으로 거래가 이뤄진다.

예컨대 판매자가 인터넷에 광고를 올리며 자신의 메신저 앱 아이디를 남기면 사람들이 메신저에 접속해 연락한다. 택배와 우편, 화물차 등을 이용해 주고받던 예전과 달리 비대면 거래에서는 '던지기 수법' 등이 횡행한다. 구매자가 판매자의 은행 계좌에 무통장 입금하면 판매자는 특정 장소에 필로폰 등을 숨겨 놓고 장소를 알려주면서 직접 찾아가라는 식이다. 공중화장실의 변기 뒤와 연립주택 계단 난간 아래, 대합실 의자 밑, 소화기 밑, 빌라 우편함 속, 길가 에어컨 실외기 뒤쪽 등. 판매자에게 지하철역 물품 보관함 번호와 비밀번호를 받아 찾아가는 '드롭drop' 방식도 던지기 수법의

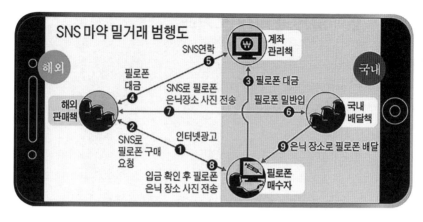

— SNS 마약 밀거래 범행도. 그래픽 김문중

일종이다. 그때 마약류를 숨겨둔 현장에는 실제 투약자가 아니라 제삼자가 나타나 심부름을 하는 방법으로 수사기관의 추적을 계속 피해간다.

'2020년 마약류 범죄백서'에 의하면 2020년 마약류를 판매한다고 광고하다가 적발된 사범은 총 104명이었다. 이들이 광고를 하기 위해 사용한 매체를 보면, 유튜브와 채팅앱, 인터넷 카페, 지역신문 인터넷 홈페이지, 검색 광고, 딥웹, 트위터, 인터넷 채팅 등 종류를 가리지 않았다. 2017년 6월 개정된 마약류관리법(마약류 관리에 관한 법률)에 광고 행위 처벌 조항이 신설됨에 따라 광고 행위만으로 처벌할 수 있게 됐지만, 이때까지 수사기관은 인터넷 키워드 검색을 통한 수작업 모니터링에 머물고 있어 적발이 쉽지 않았다. 대검찰청은 2017년부터 온라인상의 마약 불법 거래를 24시간 감시하는 '자동 검색 프로그램'(e-로봇)을 구축해 운영하고 있다.

경찰청과 식품의약품안전처는 2019년 3월부터 두 달 동안 온라인상에서 마약류를 광고해 판매한 이들을 단속했는데, 이때 삭제 조치한 광고 게시글이 20만 건에 육박했다. 해외에 근거지를 둔 윗선이 광고를 올리고 거래를 흥정한 뒤 국내에 배송을 지시하면, 국내에서는 현금 인출 담당과 물건 배송 담당이 점조직처럼 움직이며 현금을 빼내고 물건을 배송했다. 정부는 계정 한 개가 수백에서 수천 개의 유사 광고를 반복해 올리는 것을 보면서 이번에는 사이트 위주에서 벗어나 계정 중심으로 단속했다.

이 시기에 적발된 사례를 보면 물뽕과 졸피뎀, 필로폰, 대마, 이넷을 판매한다는 광고가 98.7퍼센트로 대부분이었다. 전체 광고 중 물뽕 판매 광고가 49퍼센트로 압도적이었고, 그다음 필로폰이 29퍼센트를 차지했다. 익히 알려진 대로, 그들은 트위터 등 해외 SNS에 '물뽕 팝니다, 구매는 SNS 메신저 OOO로'라는 판매 광고를 올리며 자신의 아이디를 게시하는 식으로, 구매자를 개인 메신저로 유도해 거래했다.

구매자에게 가짜 마약류를 배송하는 경우도 흔했다. 가짜라도 물건을 배송하면 구매자가 처벌이 두려워 신고하지 못하는 점을 이용한 것이다. 구매자로선 문자메시지 등을 통해 물건이 배송되었다는 내용과 택배 송장번호를 확인하는 대로 대금을 입금했으니, 배송물이 진짜인지 가짜인지 알 길이 없었다. 필로폰 대신 명반(백반)을 보내고, 물뽕 대신 정수기 물을 보내고, 대마초 대신 파슬리를 보낸 경우였다. 물론 돈만 챙기고 아무것도 배송하지 않는

'먹튀'도 있었다.

그럼에도 판매상들이 수사기관의 단속을 피해 인터넷과 SNS에서 활개를 치는 모습은 곳곳에서 확인된다. 한 판매자는 인터넷에 "GHB(물뽕) 원액 팝니다. 입금하시면 2시간 안에 퀵서비스로 보내 드립니다"라고 광고를 올렸다. 광고에 함께 소개된 SNS 아이디로 찾아가면 바로 연락이 닿고 대화를 시도할 수 있었다. 제시한 가격은 15밀리리터 들이 한 병에 26만 원이었다. 일고여덟 번 나눠 쓸 수 있는 양이라고 했다. 또 다른 판매자는 SNS상 대화에서 "약효기간의 기억과 복용 전의 기억을 잃을 수도 있습니다"라며 물뽕 투약으로 생기는 의식불명에 대해 언급했다.

어떤 경로를 거쳐 구입하든 마약류을 지니다가는 법적 처벌을 피할 수 없다. 판매 광고에 끌려 호기심에 마약류를 샀다가는 마약거래방지법(마약류 불법거래 방지에 관한 특례법) 제9조 2항을 적용받아 5년 이하의 징역 또는 5000만 원 이하의 벌금에 처하게 된다. 최근 김영호 더불어민주당 의원은 전자거래를 통해 마약류를 판매한 자에게 10년 이하의 징역 또는 1억 원 이하의 벌금형으로 처벌을 강화하는 내용의 마약류관리법 개정안을 대표 발의하기도 했다.

또 위험성에 비해 약물 가격도 그다지 높은 편이 아니다. 필로폰은 1회 투약분인 0.03그램이 10만 원, 대마초는 1회분인 0.5그램이 1만 원, 엑스터시는 한 알에 5만~7만 원 선이다. '단골'이 되면 가격은 더 낮아질 수 있고, 무료로 제공하기도 한다. 한 마약류 경험

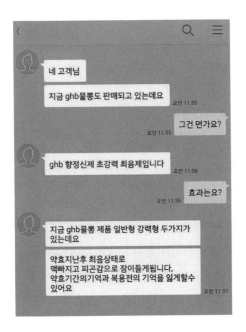

네 고객님

지금 ghb물뽕도 판매되고 있는데요   오전 11:35

그건 먼가요?
오전 11:35

ghb 향정신제 초강력 최음제입니다   오전 11:36

효과는요?
오전 11:36

지금 ghb물뽕 제품 일반형 강력형 두가지가 있는데요

약효지난후 최음상태로 맥빠지고 피곤감으로 잠들게됩니다, 약효기간의기억과 복용전의 기억을 잃게할수 있어요   오전 11:37

— 물뽕 판매상과 SNS상에서 대화를 나눈 내용을 캡처한 것. 사진 정치섭

자는 "잘 아는 판매책에게 필로폰 1회분을 5000원, 1만 원에 살 수 있다"고 자신하기도 했다.

중독성이 강한 약물을 쉽게 접할 수 있는 환경도 문제다. 다이어트 약과 학생들이 애용하는 에너지드링크 같은 각성제 음료가 대표적이다. 천영훈 인천참사랑병원장은 이렇게 경고했다. "우리나라 국민은 마약류뿐 아니라 중독성 강한 약물이 얼마나 심각한 것인지 잘 느끼지 못한다. 마약을 한 번도 안 해본 사람은 있어도 마약을 한 번만 투약한 사람은 없다고 하지 않는가. 약물에 대한 경각심을 가져야 한다."

인터넷과 SNS 거래(중독자): "요즘엔 인터넷에서 약을 구하기 쉽잖아. 물론 경찰의 함정수사도 많고, 판매자 계좌를 추적하기도 쉬어졌지만. 7~8년 전부터 현실적으로는 판매책이 구매자의 얼굴을 보는 일 없이 물건을 주고받아. 이제 서로 얼굴 보는 일 없어졌어. 인터넷 통해 주문을 받고 퀵서비스로 배송하니까. 공급이 많아져서 시세가 떨어지더라도 인터넷 거래에서는 비싼 편이야. 전문적으로 판매하는 사람들의 수는 줄었는데 SNS에서 20대, 30대 판매상이 늘었더라고. 서울 시내에서 다섯 손가락 안에 드는 판매꾼들은 죄다 감방에 들어가 있어. 예전에는 약을 늘 하는 사람들 상대로 판매했다면 이제는 호기심 갖는 대중들 상대로 풀린 거지. 전체 마약 유통 중에서 60~70퍼센트는 인터넷과 SNS 거래일 거야."

3. 필로폰 투약 후 증상

"필로폰을 투약하니까 하늘 색깔이 너무나 선명해지는 거 있죠. 투약하기 전 세상 사물의 채도가 40퍼센트 정도라면, 투약하고 나면 70퍼센트로 바뀌는 느낌이에요. 영적인 깨달음이나 창작의 희열은 이런 느낌 아닐까요."

필로폰 투약 혐의로 실형을 산 이 모(41세) 씨가 기억하는 초기 증상은 이랬다. 시각과 촉각, 청각 등 인체의 모든 감각이 평소와 달리 수십 배 이상 예민해진다. 일시적으로 피로가 회복되고, 투약 전에 일상화됐던 나태함이나 암담했던 기분은 사라지고 의욕이 충만해진다.

"오감 능력이 발달하는 듯한 착각이 들기 때문에 음악을 좋아하는 사람의 경우엔 투약을 하고 클럽에 가거나 음악에 빠지기도 한다."

투약 이후 증상은 흔히 각성·환각·이완 증세로 나뉘는데 전체

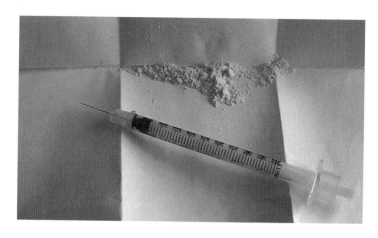

— 필로폰 가루와 투약할 때 사용하는 주사기.

마약범죄 중 80퍼센트를 차지하는 필로폰의 경우 정부는 각성 증세(흥분 현상)가 나타나는 것으로 분류하고 있다. 이처럼 감각이 예민해지고 흥분되는 특징이 있다 보니 중독자들은 성관계를 위해 투약하는 경우가 빈번한 것으로 알려졌다.

투약 경험이 서너 번 있다는 프리랜서 방송 제작자(41세)는 투약한 후 성관계를 한 경험을 이렇게 토로했다.

"의도했건 우연이 됐건 (투약하고) 성관계를 한번 경험하면 더욱 필로폰에 중독될 수밖에 없다. 과장일 수도 있지만 평소 쾌락의 50배 강도라고 보면 된다."

모르핀이나 헤로인을 할 때처럼 육체적 고통을 상쇄하며 나른하고 안정적인 기분이 드는 게 이완 증세, 대마를 피울 때처럼 꿈을 꾸는 듯한 느낌이나 과대망상이 수반되는 게, 일반적으로 위험하다고 알려진 환각 증세다. 필로폰 투약자들이 흔히 "성적 만족이나 자아도취 등 개인적인 만족을 위할 뿐, 남에게 해를 끼치는 게 아니다"고 말하는 이유가 여기에 있다.

하지만 필로폰을 투약하고 현실을 분간하지 못하는 경우(환각) 강력 범죄로 이어지기도 한다. 특히 주변 사람들은 이러한 환각 증세를 목격한 뒤 큰 충격에 빠지기도 한다. 20대 자식이 필로폰에 중독되어 치료를 받고 있다고 자신을 소개한 중년 여성은 "가끔은 환청과 환시가 있는지, 누군가 자기를 얕봤다며 혼자 욕을 하기도 한다"고 했다.

검찰에 따르면 2014년 6월에는 필로폰으로 환각에 빠진 상태에서 격분해 내연녀의 두피를 벗겨내 살해하려 한 30대 남성이 살인미수로 검거되기도 했다. 마약에 중독된 딸을 뒀다는 한 남성은 "(딸이) 누군가 친구를 죽게 했다며 화를 내며 소리를 치는데 알고 보니 그 친구는 멀쩡히 살아 있었다. 가만히 두면 누군가를 해코지할 수 있겠구나 하는 걱정이 들 정도"라고 말했다.

의료계에서도 마약류의 특성을 중추신경 반응 신호가 빠르냐 느리냐에 따라 각성인지 이완 증세인지를 구분할 뿐, 환각 증세는 어느 마약에서든 유발될 수 있다고 보고 있다. 각성제로 알려진 필로폰은 제2차 세계대전 중에 군인이나 군수 공장 노동자에게 투약되어 피로를 풀어주고 전투 의욕과 작업 능력을 끌어올리는 수단으로 쓰였다. 필로폰이 마약류로 분류된 이유도 현실감각을 떨어트리는 환각 증세를 유도하기 때문이다.

필로폰을 포함한 마약류의 경우 투약자가 몸과 마음이 병들어 피폐해질 때까지 스스로 중독성을 인식하지 못하고, 스스로 끊을 수 있다고 자신하는 것도 특징이다. 이렇다 보니 본인은 물론 주변 사람까지 병들게 된다. 김영호 을지대 중독재활복지학과 교수는 이렇게 설명했다.

"일반 사람들은 여행과 대화, 산책 등 일상적 활동을 통해 유포리아(행복한 감정)를 느끼는 반면, 각성 효과가 강한 필로폰을 투약한 이들은 약물 회귀 욕구가 다른 즐거움을 압도한다."

투약이 반복될수록 점점 인간관계가 단절되고 가족이 겪는 정신적 고통은 커질 수밖에 없다는 설명이다.

———————

섹스 드럭(중독자): "이건 끊을 수 있는 게 아냐. 내가 적나라하게 설명해줄게. 히로뽕 하고 성관계를 하면 9시간도 할 수 있어. 신이 된 것 같은 기분이 들어. 만약 상대방이랑 같이 약을 하면 그냥 모텔에 이삼 일 동안 처박혀 그 짓만 하는 거야. 그걸 경험하면 어떻게 되겠어? 약 없이 성관계를 하면 그땐 진짜 아무것도 느낄 수가 없어. 이것 하나야. 이것 때문에 끊지를 못 해. 약을 하다가 안 하면 성생활을 할 수가 없어. 아무것도 느낄 수가 없는데⋯."

4. 중독자의 뇌,
   첫 기억의 강렬함

"어찌 됐든 자기 '의지'에 달린 문제 아닙니까?"

사람들은 대저 반문한다. 제 손으로 마약을 접하고 스스로를 파괴하고 가족까지 망연자실로 몰아넣었으니 끊는 것도 자신의 문제로 귀결돼야 마땅하지 않겠느냐고. 마약류 중독자를 바라보는 국민의 시선은 이처럼 곱지 않다. 마약 투약 사범을 보고 또 보는 경찰관과 검사, 판사의 인식도 엇비슷하다. 그런데 꼬박 30년간 마약 환자와 부대껴온 중독 치료·재활 1세대 전문의 조성남 강남을지병원장은 다른 의견을 피력했다.

"의지의 문제만은 아니다. 마약류 의존자 대부분이 '말기 암 환자' 같은 상태에서 병원 문을 두드린다. 중독이 그래서 무서운 거다."

중독자 혼자의 의지만으로는 해결하기 어렵다는 말이다. 세간의 굳은 상식을 녹일 요량으로 조원장은 20대에 마약을 시작해 50대 들어서야 끊으려 하는 평균 중독자들의 핵심적 특징을 설명했다.

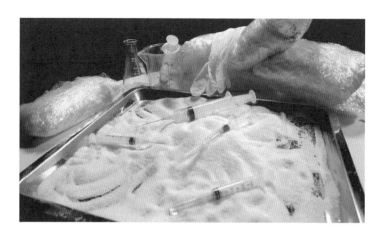

— 수사기관이 적발한 필로폰의 포장을 뜯어 쟁반 위에 쏟아놓고 보여주고 있다. 사진 한국일보

그들은 초기에 스스로 중독을 깨닫거나 인정하지 않는다. 인정하는 경우가 있어도 극히 드물다. "마약 의존자 대부분은 본인이 원할 때만 조금씩, 잠깐 슬쩍 약을 하면서 자신을 통제할 수 있다고 착각한다"는 것이다. 그래서 '중독 사실 부정'이 첫 번째 특징이다. 안이하게 생각해 주변 마약 상습범들과 거리를 두지 않고 투약하다가 결국 중년이 되도록 스스로 망가지는 길로 빠진 줄 모르고 산다.

"투약자가 치료받을 결심을 할 적기는 수사망에 걸려 위축됐을 때다. 하지만 우리나라에선 그때 바로 투약자를 치료받게 하기는 커녕 주로 수용 시설에 보낸다. 그러다 보니 초기에 중독을 인정하고 치료받으려는 환자가 거의 없다."

정기 검진을 통해 초기에 암이 발견되면 서둘러 조치하듯 약물 중독도 그 심각성을 인지할 기회를 주고 빨리 치료받게 해야 한다는 애기다.

　심각한 '뇌 손상'이 두 번째 특징이다. 중독 인정 시기가 늦어질수록 끊고 싶어도 일상의 극심한 괴로움을 빌미로 또 약에 손을 뻗치게 된다. 혼자의 의지만으로는 해결할 수 없다는 의견의 근거로 조원장은 필로폰 중독 환자가 겪는 뇌 기능 파괴 과정을 들었다.

　투약하면 기분을 좋게 하는 도파민(신경전달물질)이 단번에 과다 배출되면서 일상에서 느껴보지 못한 '격한 쾌감'을 맛본다. 짜릿한 첫 기억은 뇌에 각인된다. 이후 약과 관련한 자극을 접할 때마다 갈망 상태에 빠진다. 그런데 다시 투약해도 첫 쾌감에 못 미쳐 점점 양과 횟수를 늘려간다. 내성이 생기는 것이다. 그럴수록 약 기운이 사라지면 일상에서 우울증과 불안 등 괴로운 상태가 심해진다.

　"필로폰은 순간의 쾌감을 주지만 동시에 뇌가 보상 차원에서 적절히 분비하는 도파민 생성 기능을 파괴한다."

　조원장은 중독 자체에 치료 효과를 내는 약은 없다고 했다. 강렬한 첫 쾌감의 기억과 그 기억을 들추는 온갖 자극을 없앨 수도 없다고 했다. 그래서 시간과 인내가 필요하다.

　"우울증 같은 후유증을 완화하는 약물 치료와 동기 강화 치료 등을 받으며 최다 재발 시기인 '단약斷藥 3개월 내' 고비를 잘 넘겨야 한다. 그리고 도파민 생성 기능 등이 정상에 가까워지도록 뇌가 회복되는 데 최소 1~2년이 걸리는 것을 감안하면 약을 끊은 기간이 1년을 넘길 때 재발률은 더욱 떨어진다."

조원장은 마지막으로 한 가지를 더 꼽았다.

"수용 시설 안에서 치료받는 환경이 제대로 갖춰지고 지역사회에서 마약 사범을 위한 연계 치료와 재활이 이뤄진다면, 재발을 훨씬 줄일 수 있다."

생각만 해도(중독자): "생각만 해도 심장이 기억하고 반응이 와요. 약이 무서운 게, 사흘, 일주일 대변을 못 보다가도 약 생각만 하면 똥이 줄줄 나와요. 그 느낌, 상상이 안 되죠? 마약 했을 때 맛본 희열을 몸이 기억하다 보니까 안 나오던 똥이 나오는 거예요."

5. 중독이란 무엇인가

_ 조성남 강남을지병원장 인터뷰

30년간 마약류 중독을 전문으로 다뤄본 의사로서 가장 절감하는 사실은 중독은 병이라는 것, 중독자는 교도소에 넣을 게 아니라 치료를 받게 해야 낫는다는 것이다. 회복돼 잘사는 사람을 주목해야 한다. 중독자가 그런 사람을 보고 "얼마든지 약을 끊을 수 있구나. 나도 병원에 가봐야겠다"라고 동기 부여를 받는 게 중요하다. 중독자 중에 끊고 싶지 않은 사람은 별로 없다. 끊고 싶으면서도 자신의 중독을 병이라고 생각하지 않는 게 문제다. 병원이 왜 필요하고 어떻게 치료해야 하는지를 모른다.

"첫 뽕 같은 뽕은 없다"

필로폰을 투약하면 시냅스(신경과 신경이 연결되는 부위)에서 어떤 일이 벌어지는가. 중독은 도파민 분비와 관련이 있다. 마약류는 뇌의 보상회로 측면에서 도파민 분비를 촉진한다. 도파민이 많이 분비될수록(도파민의 농도가 올라갈수록) 기분이 좋아진다. 일반인의 일상 속에서 보상회로가 작동할 때 나오는 도파민의 양이 300이라면, 마약류는 이것을 단번에 500~1000으로 늘려놓는다. 평소 300에서 행복감을 느끼던 몸은 몇 배나 늘어난 갑작스러운 자극에 짜릿한 '쾌감'을 맛본다. 한순간 왕창 쏟아져 나오는 도파민에 온몸이 깜짝 놀란다. 거기서 뇌는 매력을 느낀다. 평소와 같은 양의 도파민이 나오면 약을 할 이유가 없지.

더 나아가 마약류는 도파민이 만들어지는 과정을 파괴한다. 도파민이 과다 분비되도록 할 뿐 아니라 도파민이 생성되는 체계를 무너뜨린다. 한번 분비된 도파민이 적정량을 넘으면 도파민 운반체가 알아서 조절하는데 이때 마약류가 그 회수하는 과정을 방해하면서 (시냅스에) 그대로 남아 있게 한다. 투약해서 300 이상을 계속 끌어내면, 신경세포 말단에 쌓아놓는 여분의 도파민이 줄어든다. 평소 자연스레 신경세포로 흘러 들어가 저장되는 도파민까지 분비되고 나면 정상 메커니즘은 깨진다. 처음 뽕을 해서 500, 1000이 나와버리면 투약자는 그다음 번에도 그만큼을 기대한다. 그런데 도파민을 생성하는 메커니즘이 깨진 이상 그다음엔 400밖에 나오지 않는다. 자연히 투약량을 늘린다. 그것을 내성이라 한다. 이전과 같은 효과를 보려고 투약량을 늘린다. 투약량을 늘리면 400에서 좀 더 올라가기는 한다. 산술적으로 말할 계제는 아니다. 그래서 첫 뽕 같은 뽕은 없다고 해.

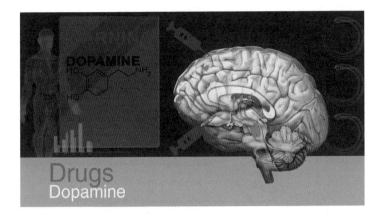

— 식품의약품안전처가 만든 마약 퇴치 광고 중 중독자 뇌 속에서 벌어지는 도파민 급증 현상을 설명하는 부분. 유튜브 화면 캡처

나중에는 나올 도파민이 없어진다. 아무리 투약해도 재미를 느끼지 못한다. 보상회로가 이미 망가진 상태다. 나중에는 100, 200도 나오지 않는다. 고갈된 것이다. 그래서 악마의 물질이라고 해. 결국 필로폰 자체가 도파민이 생성되지 못하도록 방해를 하는 셈이 된다.

상상을 하는 것만으로

평소 일상 속에서 행복하고 즐거운 감각과 기분을 느끼게 해주는 것이 보상회로다. 일상에서 자연적 과정을 거쳐 도파민이 분비되면 보상회로는 갈수록 강화된다. 이때 보상은 감각적인 쾌락뿐 아니라 성취감, 행복감, 타인에게 이해받는 느낌 등까지 포함한다. 즐거움을 느낄수록 그런 과정을 되풀이하려 하고 노하우가 쌓이면서 보상회로는 더 잘 작동한다. 도파민이 더욱 쉽게 분비된다. 그런 과정을 많이 거쳐본 사람에게서 도파민은 더욱 잘 분비된다. 일상에서 행복감을 한 번 느낀 사람과 100번 느껴본 사람 중에 누가 앞으로 행복감을 느낄 확률이 높을까? 100번 느껴본 사람. 일상에서 행복은 아무리 느껴도 모자라지 않고 반복할수록 강화된다.

약물의 문제는 도파민을 강제로 배출하게 함으로써 결국엔 그 회로 자체를 파괴한다는 것. 게임 중독자와 코카인 중독자는 뇌가 비슷하게 변한다. 게임을 8시간씩 쉬지 않고 할 정도로 빠져든 사람의 뇌는 코카인 중독자의 뇌와 비슷하다. 자연스런 즐거움이나 쾌감이 중요한데, 억지로 쾌감만을 추구해서 자연스러움을 무시하면 자신과 주위가 모두 무너진다.

중독자는 일차적으로 보상회로가 파괴된 상태다. 쾌감이 순간적으로 팍 올라오는 느낌을 경험하면 점점 시간이 갈수록 주위의 평범한 것에 무감각해진다. 미끼 같은 거야. 순간적으로 쾌감이 높아지니 거기에 현혹돼 확 무는 거야. 그것을 무는 순간 그 사람은 죽은 물고기가 돼.

미끼를 무는 순간, 처음 느낀 쾌감이 머릿속에 저장되기 때문이다. 맛있는 고기 맛을 잊지 못해 다시 찾듯이 첫 쾌감에 대한 기억을 잊지 못한다. 그 기억은 없어지지 않고 평생 남는다.

— 조성남 강남을지병원장이 중독자 뇌의 스펙트럼을 보여주면서 급증한 도파민 농도를 설명하고 있다. 사진 손현성

결정적인 문제는 그 순간을 상상을 하는 것만으로도 뇌가 변화한다는 것이다. 그래서 중독이 무서운 것이다. 상상을 하는 것만으로도 뇌가 변한다. 그 생각이 나면 다시 약을 하게 된다. 기억이 다시 떠오를 때 재발하는 것이다.

중독자에게 약물을 투약하는 장면이 나오는 영상을 보여주면 눈이 반짝반짝 빛난다. 기억이 살아나는 거야. '갈망'이 생겨. 약물과 관련된 '자극'이 들어오면 투약했던 기억이 되살아나. 그래서 재발이 되는 거야. 약을 하지도 않았는데 관련한 실마리를 보거나 자극을 받으면 생각이 일어난다. 뇌에서 도파민 이상 증가가 일어난다. 약물 생각만 했는데 흥분된다. 투약하지 않았는데도 약을 한 것과 같은 효과가 난다.

교도소엔 약이 없으니 모여서 말로 약을 하는 거야. 약 얘기를 하며 서로 자극을 줘서 도파민이 조금 올라오는 그 기분을 느끼는 거야. 그런 식으로 뇌가 계속 자극을 받으니 상태가 좋아질 수가 없지. 약을 한 것과 비슷한 효과가 난다.

약을 몇 번 해야 중독되냐고? 한 번으로도 중독될 수 있고, 여러 번 하다가 강렬한 쾌감을 느끼고 그게 기억이 남으면 그때 중독될 수도 있다. 담배를 피우는 경우도 니코틴의 중독성을 한 번에 느끼는 사람이 있고, 반복해 피우다가 순화를 거치고 다시 느낄 수 있는 사람도 있듯이. 또 자신이 뽕을 했는지 인지하지 못해도 중독이 된다. 어떤 술집에서 자신도 모르게 술에 뽕을 탄 것을 마셨는데 그 술집을 다시 찾는 것처럼. 그 술을 마시면서 어떤 기분을 느꼈느냐가 중요하다. 중독된 사실은 달라지지 않는다. 술에 뽕을 탄 사실을 미리 알았느냐 몰랐느냐가 중요한 게 아니다.

기억 자체를 없앨 방법은 없다. 현재로선 기억과 자극을 없앨 수는 없어. 세상 살면서 수많은 자극이 있는데 그럼, 중독자는 숨어 살아야 하게. 치료라는 건 해당 기억이 날 때 반응을 바꾸는 것일 뿐이다. 일부러 안 좋았던 다른 기억, 즉 약 때문에 피해본 상황을 떠올리게 하는 식이다. 중독자 스스로 극복할 힘을 키워가게 돕는 것이 중독 치료다. 중독이란 하나의 증상임을 알게 하고, 가치관과 생활 습관을 바꾸게 한다.

"바닥을 쳐야 병원을 찾아온다"

마약류는 보상회로 말고도 뇌에서 기억을 담당하는 해마와 감정을 조절하는 변연계까지 파괴한다. 오래 약을 하면 감정을 조절하기 어려워진다. 흥분한 상태가 길어지고 주위 사람들과 연신 싸우려 든다. 그래서 오랫동안 약을 하면 가족과 친구가 모두 떠나고, 경제적 형편이 어려워지고, 몸이 망가지는데, 그때 가서 후회한다. 20대에 시작하면 50대가 돼서야 정신을 차린다. 암 환자가 말기 상태에 이르러 병원을 찾는 것과 같다. 일찍 병원에 찾아오면 좋을 텐데…. 자신이 중독된 사실을 계속 부정하는 것이 중독의 특성이다. 다 망가져서야 와. 바닥을 쳐야 찾아온다. 모든 걸 잃고 나서야 깨닫는 것이 중독의 또 다른 특성이다. 거미와 사마귀 세계에서는 교미 중에 또는 교미가 끝난 뒤에 암컷이 수컷을 머리부터 잡아먹는다. 수컷은 교미하는 재미에 빠져 잡아먹히는 줄도 모른다. 중독도 똑같은 거야. 하면 할수록 파괴 정도가 심해져.

중독이라는 개념을 잘 몰라서 초기에는 병이라는 생각을 못 한다. 심각한 중독만 중독이라고 생각하는 것이다. 지금 자신처럼 조금씩 약을 하는 건 중독이 아니라고 생각한다. 알코올 중독 하면 맨날 술을 마시며 술이 없으면 못 사는 사람을 생각하듯이, 마약류 중독도 이미 모든 것이 무너져서 약을 하지 않고는 못 사는 말기 중독 경우만 생각한다. 지금 자신처럼 의지에 따라 필요할 때만 조금씩 약을 하는 경우는 해당되지 않는다고 생각해. 그게 함정이다.

암도 아무런 증상이 없다가 정기 검진을 받으면서 이상 징후가 발견되고 초기 암이라는 사실이 나올 수 있잖아. 그것도 암이고 곧바로 치료받게 하듯이, 중독도 그렇게 인식돼야 한다. 초기 중독이 인정돼야 한다. 무슨 약물이든 다 똑같아. 초기에는 한 달에 한 번 슬쩍슬쩍 하니까 중독이 아니라고 생각하지. 약을 하지 않고는 못 배기는 상태만 중독이라고 생각해. 해서는 안 되는 일을 반복해 하면 그게 이미 중독이야. 처음에 방심하다가 점점 깊이 빠져.

약에 빠져 있는 건 알겠는데, 자신이 의지가 약해서 헤어나지 못한다고 생각한다. 혼자 해보려니 잘 안되거든. 그러다 포기한다. 힘든 일을 잊으려고 약을 하다가 다시 좌절하는 과정을 거칠수록 깊이 빠져든다. 자기 의지, 좌절, 투약이라는 세 톱니바퀴가 맞물려 돌아간다. 마약인데 어떻게 혼자 힘으로 끊어? 치료를 받아야겠다는 생각을 전혀 해보지 않고 포기해버린다. 중독은 치료가 필요한 병이라는 걸 본인에게 알려줘야 한다. 안타깝게도, 본인이 병원에 자발적으로 오지 않으면 알려줄 길이 없고, 스스로 찾아올 때는 이미 늦은 상태다. 밖에서 보면 뻔히 보이는데, 정작 본인은 인정하지 않는다.

그럼, 언제 치료를 받는 게 좋을까? 법 위반 혐의로 처음 수사기관에 검거됐을 때. 중독이라는 생각이 전혀 없을 때 빨리 치료받게 해야 한다. 외부에서 치료를 받을 계기가 주어져야 자신이 중독이라는 걸 깨달을 수 있다. 그런 기회가 없으면 자신의 병을 인지하지 못한다. 법망에 걸렸을 때 빨리 중독 사실을 알려주고 치료받게 도와야 한다. "아, 이게 중독이구나." 물론 중독에는 초기와 말기 같은 단계가 있다. 거꾸로 말하면, 말기뿐 아니라 초기에도 중독이 있다는 말이다.

당국은 중독자를 구속만 할 것이 아니라 법적 장치를 만들어 치료와 연결하는 것이 필요하다. 모든 병이 빨리 발견해 치료하는 것이 좋듯 중독도 마찬가지로 초기에 치료하는 것이 효과가 크다. 그런 기회가 법적으로 갖춰지는 것이 지금 시점에서 절실하다.

환각 증상

또 약물은 혈액을 타고 전신을 돌기 때문에 온몸에 이상이 생긴다. 모든 장기에 심각한 타격을 입힌다. 간 기능이 악화되고, 혈관 계통에 이상이 발생하며, 골다공증이 심각해진다. 중독자는 뼈가 약해서 쉽게 부러진다. 부작용이 막대하다. 주사로 약을 투여하면서 전염병에 노출되기 쉽다.

도파민이 과량 분비되면 충동을 억제하는 전전두엽의 활동이 감소한다. 그때 정신적 변화가 오고 정신병적 증상이 일어난다. 마약류는 그렇게 정신병을 유발한다. 투약자들끼리는 '쭈라'(정신착란 증상)라고 하는데 환청이 들리고 피해망상이 생긴다. 나중에는 고정적인 정신병 상태가 온다. 대부분의 경우에 해당한다. 또 필로폰은 각성제니까 잠이 안 오고, 피로감이 없고, 입맛이 떨어진다. 그러다 약을 끊으면 요요 현상이 생긴다. 잠은 더 안 오는데 입맛이 돌고 피로감이 엄습한다. 이런 악순환이 점점 심해진다.

도파민이 과도하게 분비되면 환각 증상이 오는데 그것은 약을 한 번만 해도 올 수 있다. 그때 병원은 정신병 치료제를 처방해서 도파민 농도를 낮춘다. 과다 투약할 경우에만 오는 게 아니다. 우연히 한 번 오기 시작하면 그다음부터는 했다 하면 바로바로 나타난다. 투약량이 얼마 안 돼도, 조금만 한다 해도…. 통로가 트인 거지.

환각이란 대부분 부정적인 생각, 즉 피해망상과 관계망상이다. '누가 나를 해치려 한다, 나를 해코지하려 한다' 같은 환청이 들리고 결국 사달이 난다. 병의 경중에 따라 초반에는 이런 무서운 증세를 알고 나면 약을 하지 않을 수도 있다. 하지만 한번 중독되면 무서워도 약을 한다. 무서워도 하는 게 중독이니까. 자기 주변 환경을 정리하지 못하면 재발을 피하기 어렵다. 그동안 약을 접했던 환경에서 떠나지 않고 그대로 머물다가는 약을 끊기 힘들다.

중독 자체를 치료하는 약은 없어

15년에 걸쳐 5000번 넘게 약을 맞은 사람도 1년간 끊으면 도파민이 다시 생성된다. 1년 동안 약을 하지 않으면 회복된다. 1년만 잘 넘기만 재발률이 확 떨어진다. 정확한 통계 자료는 없지만, 1년 안에 87퍼센트가 재발한다고 한다. 1년 동안 집중 치료가 필요하다. 약을 끊고 나서 석 달 이내에 재발이 가장 많이 일어난다. 그 시기를 지나면 재발할 확률이 절반으로 떨어진다. 그러니 치료 시설과 기관은 치료를 최소 석 달 이상 진행해야 한다.

뇌의 도파민 수치가 정상 수준으로 돌아오는 데 최소 1~2년이 걸린다. 뇌세포는 한번 죽으면 재생이 안 된다. 그래도 뇌세포 수천억 개가 서로 연결돼 있으므로 죽어 있는 세포 옆에서 살아 있는 세포가 활성화되면 전체 기능은 회복한다. 완전히 죽기 전까지는 어느 정도 회복한다. 1~2년 약을 끊으면 비중독자와 다를 바 없이 일상생활이 가능해진다. 중독은 뇌질환이면서 만성질환이니, 치료는 평생 개념이 된다. 재발이 되지 않도록 평생 관리하는 질병이야, 당뇨나 고혈압처럼.

중독 자체를 치료하는 의약품은 아직까지 세상에 인증된 게 없다. 그럼, 병원에서는 어떤 치료를 하는가. 중독이 아니라 중독으로 생긴 후유증을 치료하는 것이다. 의사는 불면증과 우울증, 불안증 등을 다스리는 약을 처방한다. 중독을 치료하는 길은 가치관을 바꾸는 데 있다. 약을 끊고 스스로 진짜 좋아지는 걸 확인하면 그 후로는 저절로 약을 멀리하게 된다. 담배를 애인처럼 좋아하던 사람이 금연한 뒤로는 흡연자 옆에도 가기 싫어하는 것처럼. 뇌가 바뀌었지요. 중독자는 약물을 꿀단지처럼 애지중지하지만 다른 사람의 눈에는 꿀단지가 아니라 오물 속에서 노는 것이 보인다. 본인만 그 사실을 모르고 꿀물이라고 여긴다. 개미들이 떼로 몰려다니는 모습을 현미경으로 보면 그 안에서 치열한 삶의 현장이 보이지만, 밖에서 보면 왔다 갔다 하는 모습으로 비치듯이. 더 멀리서 보면 아무것도 보이지 않는다. 약물 중독자는 약물 하나에 집중해서 산다. 약만큼 좋은 게 없고 자신의 전부가 된 삶이니 거기서 빠져나오지 못하는 거야.

가치관이라는 것이 하루아침에 바뀌는 것이 아니니 결코 쉽게 되지 않는다. 훈련을 거치고 시간이 걸리는 일이다. 약을 끊은 상태를 어떻게 유지하냐가 관건이므로 생활 습관을 바꿔야 한다. 약을 끊음으로써 생기는 즐거움을 하나둘씩 찾아 쌓아가는 길이다. 자기 자신이 떳떳해지고, 일을 하게 되고, 가정을 되찾고, 마음이 편해지면서 잠도 잘 자는 식으로.

6. 미끼 수사, 중독자의 뇌 특성을 이용

50대 초반의 남성 한 모 씨는 2016년 10월 즉석 만남 채팅앱을 켰다가 한 아이디에 꽂혔다. '차가운 술 좋아 여 34세'. '술'은 마약 세계에서 '필로폰'으로 통하는 은어다. 채팅방 이름도 '지금 갖고 계신 분'이었다. 한 여성이 '술'을 들고 오는 남자와 성관계를 즐기겠다는 유혹의 메시지를 던지고 있는 것이다.

한씨는 채팅방으로 말 그대로 빨려 들어갔다. 곧 아이디의 여성은 호텔방에서 만날 것을 제안하고 '주입하자마자 애무해달라'는 등 성적 욕구를 한껏 자극하는 말을 쏟아냈다. 흥분한 한씨는 당시 필로폰을 갖고 있지 않았지만, 여러 경로를 거쳐 어렵게 구해 서울 성북구 한 호텔로 갔다. 그런데 곧장 뒤따라와 호텔에 나타난 사람은 경찰 수사관들이었다. 한씨는 마약류를 소지한 죄로 현장에서 체포됐다. 애초 그런 아이디를 쓰는 여자는 없었다.

수사기관이 마약 중독자의 뇌 질환 특성을 이용해 검거하는 수사 기법은 실적 쌓기를 위한 것이 아니냐는 논란이 많다. 경찰이 직간접적으로 낯 뜨거운 표현까지 써가며 평소 마약 중독자의 '갈망'을 자극함으로써 함정에 빠뜨리는 수사 방식은 문제가 있다는 지적이다.

마약 중독자의 뇌는 처음 접해본 쾌감을 고스란히 저장하고 지우지 않는다. 김영호 교수는 "필로폰 투약자 90퍼센트가 성관계가 목적"이라고 말했다. 마약 중독자 김 모(52세) 씨는 "전과 10범이 넘는 마약 사범도 채팅의 위험을 뻔히 알면서도 쾌감 생각에 젖어 '괜찮겠지' 하다가 걸려들 만큼 강력한 덫"이라고 밝혔다.

앞서 약을 구해 모텔에 갔다가 마약류를 소지한 죄로 집행유예를 받은 한씨는 치료가 필요한 처지였는데 병원에 가지 않고 구치소로 갔다. 판결에 따르지 않고 계속 상소하기 위해서다. 1심과 2심에서 징역 10월 형(다른 투약 사건까지 포함)을 받은 한씨 측은 "죄를 부인하는 건 아니지만 참고 살던 중독자에게 자극을 일으킬 미끼를 던져 잡는 현 수사 관행의 문제를 판단받고 싶다"며 상고해 대법원의 선고를 기다리고 있다.

또 다른 논란은 수사기관이 약점 잡힌 여성 투약자를 미끼 수사에 동원한다는 점이다. 전체 마약류 사범 중 여성 비중은 2016년 20퍼센트를 넘은 뒤 계속 증가 추세에 있다. 2017년에는 전체 사범 중 21.4퍼센트를 차지해서 3021명이었다(마약 사범 비중이 향정 사범보

— 마약 하는 여성으로 가장해 마약과
함께 성관계를 하자고 유혹하는 경
찰의 채팅 화면 캡처. 상대 마약 중
독 남성은 약을 구해서 찾아갔다가
경찰에 검거됐다.

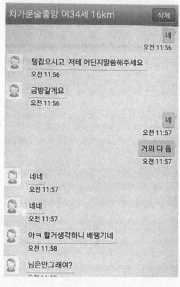

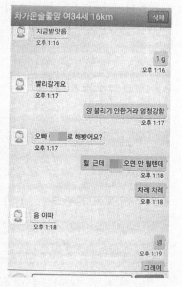

6. 미끼 수사, 중독자의 뇌 특성을 이용

다 현저히 높다).

2017년 여름 30대 초반의 갓난애 엄마 A씨는 서울 서초동의 한 변호사 사무실을 봄에 이어 다시 찾았다. "더는 못 하겠어요." 그녀는 울먹였다. A씨의 사정은 이랬다.

그해 봄 투약을 하다 수사기관에 걸렸다. 죄는 인정하지만 아이가 있어 어떻게든 구속만은 피하고 싶었던 그녀는 마약 중독 남성을 잡는 '작업'을 도와주면 구속을 면하게 해주겠다는 경찰의 제안을 받아들였다. 선봉에 나서기로 했다. 현란한 마약계 은어를 구사하며 채팅앱에서 성적 유혹을 던져 한 명씩 끌어들였다. 없던 마약도 구해 갈 만큼 남성들은 그녀가 하자는 대로 따랐고, 그렇게 그물망에 걸려들어 마약을 지닌 죄로 검거된 중독자만 이십여 명에 달했다. 그녀는 "더 큰 죄책감에 사로잡혔다"고 털어놨다. 그녀는 현재 병원에서 외래를 다니며 치료를 받고 있다.

이런 식으로 수사기관은 실적을 쌓는다. 마약 사범을 변호한 경험이 풍부한 곽준호 법률사무소 청 대표변호사는 "'성관계' 미끼를 물고 붙잡힌 투약자가 제가 아는 사례만 2017년에 백여 명"이라 했다.

수사기관은 "합법적인 수사 기법"이라고 반박한다. 대법원 판례를 근거로 든다. 판례는 함정수사를 '기회 제공형'과 '범의犯意 유발형'으로 구분한다. 어차피 약을 할 의사가 있는 자에게 수사기관이 죄를 짓게 해서 잡는 기회 제공형은 수사의 합법성이 인정된다. 하지만 죄 지을 생각이 없는데 유혹해 잡는 범의 유발형은 위법이다.

서울지방경찰청 마약수사계 관계자는 "원래 약을 지니고 있는 투약자만 검거한다. 우리가 약이 없으면 구해오라는 식으로 먼저 접촉하지는 않는다"고 말했다. 실상은 다르다는 반박도 만만찮다. 곽변호사는 이렇게 지적했다.

"검거된 투약자가 애초 약을 '지니고 있었다'는 걸 대체 어떻게 아는가. 가만히 있던 자가 기억에 있는 쾌감에 못 이겨 약을 구해오다가 잡히는 경우가 많다."

또 수사기관에 걸려든 사정이 억울해도 법정에서 호소하지 못하는 사례가 빈번하다. 걸린 중독자는 대개 동종 전과가 있어 혐의를 다퉈봐야 형량에 득이 되지 않는 걸 잘 알기 때문이다. 마약 사건을 많이 다뤄온 박진실 법률사무소 진실 대표변호사는 이렇게 강조한다.

"투약자를 잡아 상선을 친다는 수사기관의 논리가 이해는 되지만, 함정을 파는 식의 수사로 약을 끊고 싶은 투약자를 누범으로 만드는 것은 문제이자 국가적 실익도 없다. 투약자가 중독에서 벗어날 출구를 조금이라도 넓혀주려면 이를 지양해야 한다."

약의 세계에서(중독자): "남자들은 필로폰을 하고 성관계를 할 경우 쾌감이 올라가고 각성 상태가 지속돼 하루 종일 그 짓을 하려고 해. 잠도 자지 않으면서 그렇게 상대할 여자가 어디에 있겠어? 같이 약을 하지 않고는 그렇게 안 되는 거거든. 그래서 누군가를 중

　　　　　　　　　　　　　　　　6. 미끼 수사, 중독자의 뇌 특성을 이용

독되게 만드는 거야. 어떤 의미에서는 노예로 만드는 거지. 약에서 깨어난 뒤에도 여자에게 하대하며 함부로 대하는 구석이 있어. 약만 주면 다 따라오게 돼 있다고. 약의 세계에서는 서로를 동료로 생각해야 하는데 대체로 남자들이 항상 군림하거든."

7. "중독은 뇌질환"
_ 천영훈 인천참사랑병원장 인터뷰

마약 중독을 제외한 4대 중독 분야에는 정부의 치료 예산이 마련되어 있다. 알코올 중독 치료에는 주세를 쓸 수 있다. 니코틴 중독 치료에는 국민건강진흥기금으로 걷은 목적세를 쓸 수 있고 건강보험 재정도 마련되어 있다. 게임 중독 치료와 관련해서는 한국콘텐츠진흥원 등의 예산으로 충원할 수 있다. 도박 중독 치료는 카지노 등에서 생긴 도박 소득에 붙인 세금을 사용한다.

정부가 추진하는 마약 중독 치료가 지지부진한 것은 예산 확보가 어렵기 때문이다. 관세청이나 대검찰청에서 10억 원 상당의 밀수 필로폰을 압수해도 그것을 팔아서 현금화할 수 없다. 정부 입장에서는 마땅한 세수 자원이 없으니 마약 중독 치료를 위해 나설 엄두를 내지 못한다. 그러다보니 아무것도 안 한다.

신경계가 한번 뒤집어진다

약물 중독은 현실을 '잊을 수 있는' 가장 강력한 무기다. 지금의 괴로움을 잊을 수 있다는 것. 중독되면 삶이 피폐해지는 것도 알고, 그러다 인생이 비참해지는 것도 알면서도, 지금 당장의 괴로움을 잊기 위해 그 모든 걸 평가절하하고 실행에 옮긴다. 당장이 중요하다는 즉각성. 고달픈 현실을 잊기 위해 당장 약을 하는 것이다.

그런데 필로폰 중독에는 다른 측면이 있다. 중독자들은 자주 "우리는 천국을 엿본 사람이에요"라는 말을 한다. 투약을 통해 쾌감의 극치를 맛보았다는 말이다. 동물 실험 결과에 의하면, 필로폰을 투약하면 보통 섹스를 통한 오르가즘을 경험할 때 나오는 엔도르핀 양의 13배 정도가 분비된다고 한다. 그것도 6~72시간까지 지속된다. 그 극치감이라는 건 "나를 완벽하게 해방시켜주는 것"이다.

문제는 그다음이다. 그런 물질에 뇌가 두드려 맞은 뒤엔 평소처럼 삶을 살아가기는 불가능해진다. 좋아하는 차를 한잔 마심으로써 몸 안 보상회로에서 엔도르핀이 나와 스트레스를 녹이는 것을 맛보는 소소한 의미는 안중에서 없어진다. 평소의 것보다 13배나 많은 양의 엔도르핀이 한바탕 뒤집어놓은 뇌는 더는 일상적 자극이나 행위에 반응하지 못한다. 중독자는 처음 투약할 때의 경험치로 돌아가지 못한다는 것을 깨닫는 즉시 우울해지고 짜증이 생긴다. 약에 대한 내성이 생기고부터는 악순환이 이어진다. 고통 속의 게임이 벌어진다. 필로폰 중독자의 뇌는 생물학적 쾌감에 발목이

잡힌다.

초기 투약자는 자신이 필로폰에 중독되지 않는다고 믿는 경향이 있다. 자기는 중독되지 않는다고 믿고 해. 마약은 두 가지 종류, 즉 뇌를 흥분시키는 약물이 있고 뇌를 안정화하는 게 있다. 억제제 계통은 끊으면 금방 금단증상이 나온다. 모르핀이나 헤로인을 하는 이는 하루만 거르거나 투약량을 줄여도 금단증상이 훅 치고 나온다. 눈물 콧물을 질질 흘리고 덜덜 떨면서 배가 아프고 헛것이 보인다고 호소하다, 이불을 뒤집어쓴다. 그런데 필로폰 같은 흥분제 계통은 그런 금단증세가 없다. 깔끔하다. 그래서 자신은 중독되지 않을 거라고 느낀다.

필로폰은 꼭 섹스랑 연관된다. 섹스 상대에게 연락해서 밥해 먹고 같이 투약하면서 섹스를 하다가 월요일 아침이 되면 멀끔한 모습으로 직장에 출근한다. 그런 식으로 두세 달 잘 지낸다. 초기에는 투약하지 않는다고 해서 몸이 힘들거나 하고 싶어 미치겠다는 느낌이 없다. 그러다 보니 "이거, 내가 조절할 수 있구나" 싶어진다. 이것을 '조절 망상'이라고 한다. 막상 눈앞에 '작대기'를 가져다 놓으면, 딱 눈에 보이는데 참을 수 있는 투약자는 없다.

중독에서 벗어나는 첫 단계는 자기 주변을 정리하는 것이다. 주변에 약쟁이가 없어야 한다. 휴대폰에 약쟁이의 전화번호가 하나라도 남아 있으면 다시 감방으로 돌아오게 된다. 필로폰을 한번 경험한 뇌는 평생 그것이 다시 자기 안으로 들어올 순간을 기다린다. 무의식 기제가 작동하는 것이다. 항상 기다리고 있다가 문득 그것이 지나가면 슥 손을 내밀어 붙잡는다. 10분 전만 해도 전혀 약 생각이 없었는데 그날따라 아귀가 맞아떨어졌다. 나중에 보면 무슨 귀신에 홀린 것 같다고 하겠지만, 뇌가 잠재의식처럼 기다리고 있었던 거다. 의식적으로는 외관상 무관한 결정이었다고 한다. 마침 약을 하다 교도소에서 알았던 친구한테서 오랜만에 연락이 왔다. 그래도 만나지 않으려 했는데 예전에 빌린 돈을 갚겠다고 하기에 돈만 받으러 나간 것이다. 빌려준 돈을 받으러 친구를 만나는 것이니 외관상 무관한 결정처럼 보였다.

약을 끊는 건 자신의 의지로 되는 문제가 아니다. 뇌의 보상회로가 두드려 맞고 신경계 전체가 뒤집혔으니 의지 차원을 넘어선 문제가 된 것이다. 응급실에 접수하고 엑스레이를 찍고 외과 수술을 진행하듯이 구체적인 치료 프로세스를 밟아가야 한다. 중독자가 자기 의지로 충분하다고 생각하니까 오히려 나중에 실패를 반복하면서 자존감이 떨어지는 결과로 이어진다. 적어도 중독은 의지박약과는 관련이 없다. 이것은 뇌질환이고 신체 질환이니 치료를 받아야 한다.

2부

마약류 들여다보기

8. 마약에 대하여

한국에서는 마약 하면 '히로뽕', 즉 필로폰(메스암페타민)을 떠올린다. 한 해 전체 마약류 압수량 중 80퍼센트라는 막대한 비중을 차지할 정도로 흔하다. 하지만 전체 종류에서 보면 암페타민계 마약은 일부에 지나지 않는다. 마약류관리법은 마약, 향정신성의약품(향정), 대마 이렇게 셋을 '마약류'로 분류한다(제2조 1항). '마약'이라는 말은 이 셋 중 하나를, 또는 셋을 통틀어 가리키는 의미로 혼용되어왔다. 지금은 총칭하는 말로 '마약류'를 쓴다.

법은 이런 마약류와 원료 물질(마약과 향정신성의약품 제조에 사용되는 물질)의 취급·관리를 규정하고 있다. 1970년대에는 대마가 대세를 이뤘다. 1970년 습관성의약품관리법, 1976년에는 대마관리법이 제정되면서 국가는 대마 사범을 대대적으로 단속했다. 1980년부터는 마약의 수요가 필로폰으로 넘어갔다. 필로폰 중독이 광범위하게 퍼지면서 1989년 대검찰청에 마약과가 신설됐고, 전국 검찰청에 마약수사반이 들어섰다. 1992년 7월에는 마약감식실이 개설되면서 압수 마약류와 마약류 사범의 소변·모발에 대한 감정 기법이 개발되었다. 2000년대 이후 이름도 생소한 신종 마약들이 대거 유입되는 상황에서, 2000년 기존의 대마관리법과 향정신성의약품관리법이 폐지되고 통합된 마약류관리법이 제정됐다.

마약류는 보통 우리 몸의 중앙처리장치에 해당하는 중추신경계에 오작동을 일으키는 식으로 악영향을 미친다. 세계보건기구 WHO는 마약류를 이렇게 정의한다. 약물 사용 욕구가 강제에 이를 정도로 강하고(의존성), 사용 약물 양이 증가하는 경향이 있으며(내성), 사용을 중지하면 온몸에 견디기 어려운 증상이 나타나며(금단증상), 개인에 한정되지 않고 사회에도 해를 끼치는 약물이다.

약리 현상에 따라 마약류를 흥분제(각성제) 계열과 억제제(신경안정제, 진정제) 계열로 나뉘기도 한다. 아편과 헤로인 등 억제제 계통은 금단증상이 초기에 금방 드러난다. 투약을 하루만 거르거나 양을 줄여도 지속적으로 눈물과 콧물이 흐르고, 오한을 느끼며, 심하면 환각에 빠지기도 한다. 반면 코카인이나 필로폰 같은 흥분제 계통은 투약 초기 두세 달은 투약하지 않아도 몸이 힘들거나 갈망 욕구가 크지 않다. 그래서 조절할 수 있다고 생각하기 십상인데, 오히려 중독성이 강해 더욱 치명적이다.

대검찰청이 펴낸 '2020년 마약류 범죄백서'는 마약류의 최신 동향을 반영하고 있다. 우선 마약은 생약에서 추출하는 천연 마약과 추출 알카로이드(식물염기), 마약 원료를 화학적으로 합성하는 합성

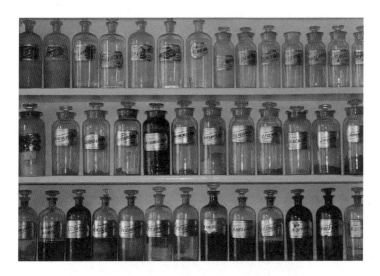

— 오래된 약장. 마약류의 역사는 천연 물질에서 알칼로이드를 추출하기로, 그다음 지난한 합성 과정으로 나아갔다.

마약으로 나뉜다. 천연 마약에는 양귀비(앵속), 아편, 코카 잎이 있고, 추출 알카로이드에는 모르핀, 코데인, 헤로인, 코카인 등이 있다. 알카로이드는 식물체 속에 들어 있는, 질소를 포함한 염기성 유기화합물을 말한다. 페티딘, 메사돈, 모르피난, 아미노부텐, 벤조모르판 등이 합성 마약이다.

천연 마약

옛날부터 **양귀비**opium poppy는 농어촌과 산간 지역에서 가정상비약이나 동물 치료약으로 재배되어왔다. 진통 효과가 있어 기침을 멎

— 대표적인 아편 양귀비 종인 파파베르 솜니페룸의 꽃과 열매. 덜 익은 열매에 칼자국을 내 유액을 추출한다.

게 하고 배탈을 다스리는 귀한 약재였다. 기르던 소가 설사를 하면 그 약을 뜯어 먹였고, 신경통인 심한 노인은 달여 먹었다. 사람들

은 이제 여기서 **아편**을 추출한다. 덜 익은 양귀비 열매에 칼자국을
내면 우윳빛의 끈적끈적한 액('양귀비의 눈물')이 흘러내리는데 이를
60도 이하 온도에서 건조한다. 그렇게 말린 암갈색 덩어리를 생아
편raw opium이라고 한다. 처음 사용할 때는 몽롱한 상태에서 황홀
감을 맛보지만 점차 중독되면 갈수록 많은 양을 써야 처음에 다시
이를 수 있다. 중독자는 안색이 창백해지고 성격이 신경질적으로
변한다. 식욕과 성욕이 한꺼번에 사라진다.

　우리나라에서 재배를 금지하는 종류는 파파베르 솜니페룸 엘
과 파파베르 세티게룸 디·시 그리고 파파베르 브락테아툼 종 셋이
다. 모든 양귀비가 모르핀을 만드는 것이 아니고 이런 아편 양귀비
에서만 모르핀이 나온다. 몰래 재배하는 농가들이 여전히 많아 양
귀비꽃이 피는 4월에는 경찰이 경작하는 밭 위에 드론을 띄운다.
2017년 검경의 단속에 걸린 양귀비와 대마 밀재배는 1680여 건이
었다.

추출 알카로이드

모르핀은 아편에 12퍼센트 정도 함유되어 있는데 아편에서 불순물
을 제거하고 일정한 화학반응을 거쳐 추출한다. 아편은 모르핀 외
에도 코데인, 테바인, 파파베린, 나르코틴 등 알카로이드를 함유하
고 있다. 1805년 독일 약사 제르튀르너가 최초로 아편에서 모르핀
을 분리해냈다. 수많은 전쟁터에서 부상당한 병사들의 고통을 가

라앉히는 데 사용되었고, 이질과 콜레라 같은 전염병의 특효약으로 쓰였다. 중독자는 1회에 10~20밀리그램, 보통 하루에 세 차례 투약하는데 심한 경우 120밀리그램을 투약하기도 한다.

코데인은 3-메틸모르핀이라고도 불리며, 아편에 0.7~0.3퍼센트 함유되어 있는 알카로이드다. 1832년 프랑스 화학자 피에르 로비케가 아편에서 최초로 분리해냈다. 즉 하나의 식물 종에서 모르핀과 코데인이라는, 인류에 큰 영향을 끼친 두 약물이 진화한 셈이다. 예부터 떨어지지 않는 기침에 널리 쓰였고, 의존성이 비교적 낮은 편이라 모르핀이나 헤로인의 중독을 치료하는 대체제로도 쓰였다. 코데인은 사람의 간에서 모르핀으로 바뀌어 진통 효과를 낸다. 이때 아편 중독을 일으키는 사람은 호흡이 억제될 수 있다.

헤로인은 모르핀을 아세틸화해 만든 진정제로 디아모르핀, 디아세틸모르핀이라고도 불린다. 생아편에 소석회와 물, 염화암모니아 등을 첨가해 가열한 뒤 무수초산 등을 화학 처리해 제조한다. 1874년 최초로 합성되었고, 1898년 독일 바이엘사가 진통제로 시판했으나 이후 중독성이 강한 탓에 생산이 금지됐다. 냄새가 없고 중추신경의 호흡 중추를 억제하는 작용을 한다. 모르핀과 유사하나 그 중독성은 모르핀의 10배나 된다.

헤로인은 필로폰과 마찬가지로 주로 정맥주사로 투약하는데, 그 방법이 피하주사에 비해 3분의 1가량 양이 적게 들어 경제적이고 즉효를 본다. 또 투약자가 약물을 넣었다 뺐다 하면서 쾌감을 경험하는 가운데 용량을 조절할 수 있다. 이때 주사액은 숟가락 위에

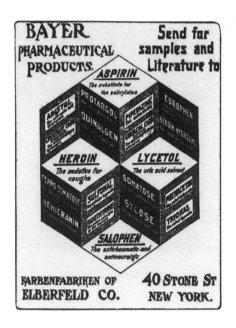

— 제1차 세계대전 전 바이엘사가 아스피린과 헤로인을 나란히 광고하는 모습. 광고지에는 헤로인을 기침 진정제라고 적었다.

헤로인 가루를 올려놓고 물에 갠 다음 불에 달궈 만든다.

2009년 우리나라에서는 헤로인의 원료 물질인 무수초산을 인천항에서 아프가니스탄으로 밀수출하려던 이가 잡혔다. 수출용 컨테이너를 사들여 그 안에 막대한 양의 무수초산을 넣고 바깥쪽에는 원단을 실음으로써 수출용 화물로 위장하는 속칭 '커튼치기' 수법을 썼다.

코카인은 코카나무의 잎에서 추출한 알카로이드이며 볼리비아, 페루, 콜롬비아 등지의 안데스산맥 주변 국가에서 생산된다. 코카

— 볼리비아에서 한 농민이 코카 잎을 들어 보이고 있다.

잎을 씹으면 액 중 흘러나온 알카로이드(0.2~0.7퍼센트 함유)가 구강 점막을 통해 흡수된다. 이것이 중추신경을 자극해 쾌감을 일으킨다. '스노 snow' '걸' '코크 coke' '레이디' 등으로 불린다.

고대 잉카제국에서 제사장들은 종교 의식에 썼고, 일반인들은 배고픔을 달래고 피로감을 없애기 위해 씹었다. 남미 일대에서는 농부들이 코카 잎을 따서 직접 가공해 코카 반죽을 만들고 이를 정제해 코카인을 제조한다. 코카인 1킬로그램을 얻으려면 코카 잎 250킬로그램이 든다. 지역 주민은 코카 반죽을 흡연하기도 한다. 하지만 투약자 대부분은 수정체 분말을 코로 들이마시거나 주사기로 투약한다.

투약자는 실제 지폐를 돌돌 말아 코카인 흡입용 빨대로 사용한

— 신용카드를 이용해 코로 흡입하기 쉽게 '코카인 라인cocaine line'으로 준비해둔 모습.

다. 이런 까닭에 유럽에서는 유로화와 파운드화가 이미 코카인에 '오염'됐다는 보도가 나온다. 유통되는 지폐를 수거해 조사해보면 코카인이 검출된다는 것이다. 코로 들이마시면 코의 미세한 점막을 통해 몸 안으로 서서히 퍼져 나간다. 이런 식으로 인체에 흡수되다 보니, 투약자는 코가 자주 막히고 코 조직이 약화된다. 그래서 사람들은 코를 훌쩍이는 것을 코카인 중독자의 특징으로 본다.

약효가 빠르고 강력한 도취감을 일으키는 흥분제여서, 투약하면 벌레들이 피부 위를 기어 다니는 환각에 빠지기도 한다. 한편 '크랙crack'은 코카인과 탄산나트륨을 물에 희석해 불로 가열한 뒤 냉각해 추출한 백색 결정체이다. 코카인보다 약효가 몇 배가 강하고 중독성이 높다. 크랙은 유리관에 넣어 가열하거나 기포를 만들어

들이마신다.

합성 마약

합성 마약은 모르핀과 진통 효과는 유사하지만 의존성은 적은 의약품을 개발하는 과정에서 합성된 약물이다.

페티딘은 1939년 독일 훼히스트사가 최초로 합성한 약으로 미국에서는 '데메롤Demerol'이라는 상표로 유통되고 있다. 보통 염산염 형태로 투여된다. 세계적으로 널리 진통제로 사용되다가 2000년 이후 뇌독성 대사 물질인 노르페티딘이 나온다는 이유로 감소 추세에 있다. 일반 진통제와 달리 세로토닌 작용을 증가시키므로 환자별로 주의해야 한다.

메사돈은 제2차 세계대전 중 모르핀이 부족한 사태를 해결하기 위해 훼히스트사가 합성한 약이다. 모르핀보다 반감기가 길고 약효가 오래 지속되기 때문에 전후에는 중독 치료제로 사용되기도 했다. 우리나라에서는 1965년 제약 회사들이 메사돈을 일반 약품에 혼합해 해열 진통제나 국소 마취제라고 속여 팔다가 수만 명이 중독된 사건이 있었다. 일명 메사돈 파동이다. 주위에 병원이 없는 산간벽지, 광산촌, 도서 지역 사람들이 그 진통제를 다량으로 갖고 다니며 먹었다. 당국 추산으로는 당시 중독자가 3만 명, 전문가 추정으로는 10만 명에 이르렀다고 한다.

9. 신종 마약류와 향정신성의약품에 대하여

국립과학수사연구원이 펴낸 '신종마약류 유형 분석(2009~2016년)' 에 따르면, 한국의 마약 체계에서 신종 마약류는 대부분 향정신성 의약품으로 분류된 것이다. 즉 암페타민과 케타민, 합성 대마 같은 마약류와 구조가 유사해 대체재로 사용되던 약물들이 마약류관리 법 시행령 별표에 지정돼 규제되거나 임시 마약류로 지정되는 절차를 거치다 마약류로 공식 전환된다. 임시 마약류 지정은 새롭게 발견된 마약성 약물의 오남용을 막기 위해 마약류로 공식 분류하기 전까지 유통과 거래를 차단하기 위한 행정절차다. 2017년 5월 기준으로 166종의 신종 마약류가 임시 마약류로 지정됐고, 그중 62종이 마약류로 전환됐다. 그러다 보니 최초로 유통이 발견되고 임시 마약류로 지정되기까지에는 일정한 시간이 비어 단속이 어렵 다는 맹점이 상존한다.

신종 마약류는 처음부터 법적 규제를 피할 목적으로 고안되거나, 치료 목적으로 개발된 약물이나 건강 보조제가 마약류로 둔갑한 경우다. 기존에 알려진 학술적 연구나 특허 등에 기반해 제조법과 약리학적 특성을 가져오기도 한다. '엑스터시의 대부'라 불린 생화학자 알렉산더 슐긴은 처음 합성됐을 때 폐기된 엑스터시를 다시 살려냈고, 1990년대 초 부인과 함께 저술한 책들을 통해 펜에칠아민계와 트립타민계 신종 마약류의 합성법을 알려 퍼뜨리기도 했다. 당시 인터넷 커뮤니티에 투약자들이 사용 후기를 남기는 식으로 해당 약물이 군중 속으로 퍼져나갔다.

하지만 기존에 보고된 바 없는 신종 물질은 안전성이 검증되지 않은 상태에서 만들어져서 부작용과 사망 사례가 빈번히 발생한다. 이제는 'legal high'(합법적인 쾌감 약물)라는 이름이 붙어 탈법적 형태를 피하고, 인터넷과 국제우편 등을 통해 유통된다. '목욕 소금 bath salt' 등의 상품으로 포장되어 인터넷 쇼핑몰이나 '헤드 숍head shop', 주유소, 편의점 등에서 판매되는 사례가 늘고 있다. 판매 국가의 규제를 피하기 위해 제품 포장지에 '연구용 화학물질research chemical' '복용 금지' 등의 문구를 적어 넣기도 한다.

지금 이 순간에도 신종 마약류는 규제를 피하기 위해 기존 마약류에서 치환기 일부를 변형하는 식으로 끊임없이 화학구조를 바꾸고 진화를 꾀하고 있다.

향정신성의약품은 합성 마약류인 까닭에 헤로인이나 코카인처럼 특정 조건에서 식물을 재배하거나 식물에서 특정 물질을 추출할 필요가 없다. 종류에는 메스암페타민, MDMA, LSD, 날부핀, 덱스트로메토르판, 펜플루라민, 합성 대마, 크라톰, 케타민, 야바, GHB, 프로포폴 등이 있다.

메스암페타민은 우리나라에서 가장 많이 남용되는 흥분제 또는 각성제 종류 마약이다. 코카인처럼 도파인계를 통해 효과가 나타난다. 투약하면 잠도 오지 않고 식욕도 떨어지는데 며칠 동안 피곤을 느끼지 않는다. 정신적 의존성이 매우 강한 헤비급 약물이라 혼자 의지만으로는 끊기 어렵다. 약물 안에 함유된 화학적 불순물 때문에 중독자의 입 안은 치아와 잇몸이 심하게 망가진다('메스 마우스 meth mouth').

주로 정맥주사로 투여하지만, 팔에 주사 자국이 남는 것을 피하기 위해 물과 맥주, 음료수에 타 마시기도 한다. 또 결정체나 가루를 은박지에 올려놓고 열을 가해 생기는 기체를 들이마시기도 한다. 그렇게 하면 뇌에 도달하는 속도가 빨라 즉효를 본다.

메스암페타민은 결정체와 가루, 액체 등 다양한 형태로 거래되는데, 그 형태에 따라 '히로뽕' '필로폰' '백색 가루'로 불린다. 미국에서는 결정체는 '아이스ice', 가루 형태는 '스피드speed'로 부르고, 중국에서는 '빙두', 필리핀에서는 '샤부shabu', 대만에서는 '아미타민', 일본에서는 '각성제'라 부른다. 한국에서는 투약자들끼리 '뽕' '가루' '술' '크리스털' '물건' '총' '얼음' 같은 은어를 쓴다.

일본 화학자 나가이 나가요시가 천식 치료제인 마황에서 에페드린을 추출하는 과정에서 발견했고, 그가 1893년 세계 최초로 합

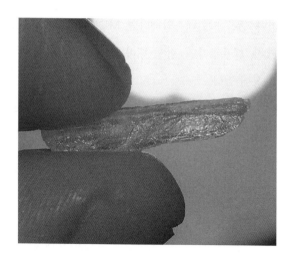

— 크리스털 형태의 메스암페타민.

— 1954년 일본 정부가 펴낸 잡지 '写真公報'에 실린 필로폰 중독자의 모습.

성했다. 제2차 세계대전 중에는 독일군과 일본군에서 군수용품으로 대량 생산되어 군인과 군수 공장 노동자에게 보급됐다. 먹으면 피로가 풀려 전투 의욕이 생기고, 작업능력과 생산능력이 향상된다고 선전했다. 1941년 다이니폰사는 '히로폰ヒロポン'(영문 상품명은 'Philopon')이라는 이름으로 출시했는데 잠을 쫓고 피로감을 없애는 각성제라며 판매했다. 독일군이 만든 메스암페타민제 '페르비틴Pervitin'은 부대 안에서 광범위하게 사용되면서 당시 '헤르만 괴링 알약' '트루카 정'이라 불렸다. 전후 미국에서는 '오베트롤Obertrol'이라는 상표의 메스암페타민제가 다이어트 약으로 1960년 대까지 대중들 사이에서 인기를 끌었다.

한국은 1980년대까지는 직접 밀조했지만, 1990년대 들어 수사기관의 단속이 강화되면서 밀조 조직이 와해되어 이후 밀수입하고 있다. 최근 일반의약품에서 메스암페타민 원료 물질을 추출하는 제조법이 인터넷상에서 퍼지면서 소규모 밀조 사건이 적발되고 있다. 2017년에는 한 대학원생이 대학원 연구실에서 감기약을 이용해 메스암페타민을 만들다 적발됐다.

MDMA는 1914년 독일 제약사에서 식욕 감퇴제로 처음 개발됐는데, 1980년대 들어 강력한 환각 작용을 내는 환각제라는 것이 알려지면서 '파티용 마약'으로 유통되었다. 세계적으로는 '엑스터시' '몰리molly' 'XTC' '아담' '이브' 'Clarity' 'Decadence' 'M & M' 등으로 불리며, 한국에서는 '엑스터시' '도리도리' '캔디 사탕'으로 불린다.

— 두꺼운 판지를 스티커 모양으로 자른 LSD 블로터.

LSD, 즉 리세르그산 디에틸아미드는 무색무취, 무미의 환각제로 '애시드acid' '블로터blotter' '사이키델릭psychedelic'이라고도 불린다. 감각을 왜곡시켜서 소리를 보는 것처럼 색깔을 듣는 것처럼 느끼게 한다. 이러한 환각 체험을 '여행trip'이라고 속칭하며 하도 강렬해서 1회 투약량이 100~200마이크로그램에 불과할 정도다. 주로 각설탕이나 껌, 압지(블로터), 우표 뒷면 등에 용액을 발라 흡수시킨 것을 사용한다. 대체로 스티커처럼 생긴 블로터를 혀 밑에 감추거나 위에 올려놓고 입 안 모세혈관 속으로 퍼지게 한다. 또 LSD가 흡착된 스티커를 조금씩 떼어내 물에 녹여 마시는 방법으로 투약한다. 한번 투약하면 환각 작용이 12시간까지 지속된다. 1938년 스위스 화학자 알베르트 호프만이 맥각 알카로이드를 연구하다가 최초로 합성했고, 1943년에 우연히 그 환각성을 발견했다. 1960년대 중반 미국 샌프란시스코에서 반反문화와 비트 운동이 한창일 때 청년들 사이에서 인기를 끌었다. 1971년 유엔은 1급 통제물질로 지정했다.

날부핀은 '누바인'이라고도 불리는 진정제다. 우리나라에선 병원 응급실에서 진통제로 쓰이거나 산부인과에서 분만 진통제로 사용된다. 마약류로 지정되기 전인 1990년대에는 값이 싼 까닭에 유흥업소 종업원들 사이에서 필로폰 대용으로 쓰였다. 피하주사로 투약하면 모르핀의 두 배 되는 진통 효과를 보인다.

덱스트로메토르판은 진해 거담제로 '러미나'(또는 러미날, 러미라)라고도 불린다. 한국에서는 'Romilar'이라는 상표의 기침 진정제가 약국에서 팔린 적이 있다. 처음엔 살 빼는 약으로 알려져서 1980년대에 유흥업소 종업원 등 사이에서 남용되었다. 그러다가 본드와 부탄가스를 흡입하던 청소년들이 싼 가격에 구할 수 있는 감기약 러미나 쪽으로 눈을 돌렸다. 청소년들은 '땅콩'이라 불렀고, 소주 등에 다량의 러미나를 타서 마실 때는 이것을 '정글 주스'라 했다. 50정 넘는 알약을 한꺼번에 복용하면 환각 작용을 일으킨다.

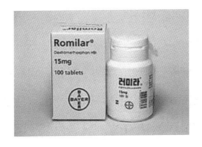

— 한때 약국에서 판매되었던 '러미라' 정제.

9. 신종 마약류와 향정신성의약품에 대하여

2003년 마약류로 지정되기 전까지는 서울역 인근 뒷골목의 보따리 상에게 다가가면 2만 원 가격에 100정을 살 수 있었다.

펜플루라민은 중국과 태국 등지에서 보따리상, 관광객, 인터넷 사이트 등을 통해 밀수입되는 흥분제다. 사람들에게 다이어트 약으로 알려져서 한국에서는 2000년대 초 펜터민과 펜플루라민을 함께 먹는 '펜펜 요법'이 유행했었다. 복용하면 교감신경이 흥분돼 식욕이 억제되는 효과를 보인다.

합성 대마는 식물의 마른 잎에 대마와 비슷한 효과를 내는 합성 화학물질을 발라 허브 제품처럼 만든 것이다. 자체적으로 여러 향을 섞는데 그 향에 따라 '스파이스spice' '스컹크' '트와일라잇' 등 여러 이름으로 불린다. 2008년 미국 클렘슨 대학의 존 W. 허프먼 교수는 합성 대마 일종인 JWH-018를 만들었는데, 이후 제조법을 공개해 세계적으로 확산시키기도 했다('JWH'는 개발자인 허프만의 이름에서 이니셜을 딴 것). 즉 이를 접한 이들은 JWH-018 같은 약물을 물에 녹여 식물의 마른 잎에 뿌린 다음 말려서 담배처럼 피운다. 이때 AM-2201의 경우처럼 JWH-018에서 펜칠 치환기 말단을 할로겐 화합물로 치환해 환각 작용을 강화하는 식으로 변종하기도 한다.

한국에서는 2009년경 JWH-018이 함유된 허브 방향제가 처음 나타난 이후 클럽 등지에서 지속적으로 인기를 끌고 있다. 가격은 대마초보다 싸면서 효과는 다섯 배나 높다. 투약하면 운동능력이 둔해지는 대신 오감이 극도로 예민해진다. 해외에 여행이나 유학

— 합성 대마의 일종인 스파이스.

을 갔다 접한 이들이 밀반입하거나, 외국인 유학생이나 원어민 강사 등이 국내에 들여오는 양이 늘고 있다.

케타민은 인체용 또는 동물용 마취제인데 한국에서는 이것이 유흥업소나 클럽에서 '데이트 성폭행 약물date rape drug'로 쓰이다 적발됐다. 1962년 처음 합성됐고, 베트남 전쟁에서 미국 군부대에 마취제로 보급되기도 했다. 1980년대 들어 일찍이 '클럽 마약'으로 통용됐고, 1990년대에는 홍콩을 중심으로 형성된 댄스 문화 속에서 널리 퍼졌다. 또 하나의 클럽 마약인 '엑스터시'와 달리 투약하면 몸을 움직이기 어렵기 때문에 '클럽 이후' 상황에서 주로 사용됐다. '스페셜 K' 'K' '키티Kitty' 등으로도 불린다. 한국에서는 2005년에 마약류로 지정됐다.

야바Yaba는 1996년 태국과 라오스, 미얀마의 국경 지역인 '골든

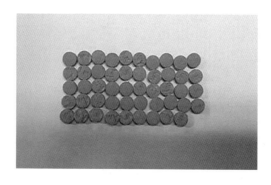

— 최근 경찰이 압수한 야바. 사진 경찰청

트라이앵글'에서 마약 밀매 조직인 '쿤사'가 개발했다. 태국어로 '미친 약'이라는 뜻이다. 초기에는 복용하면 말이 수레를 끌고 가파른 언덕을 오를 때처럼 힘이 솟는다는 의미에서 '야마', 즉 '말 약 horse medicine'으로 불렀다. 필로폰 25퍼센트에 카페인 70퍼센트, 헤로인과 코데인 등 5퍼센트를 혼합해 제조한다. 환각 효과가 엑스터시보다 강하다고 알려져 있고, 약효가 36시간 이상 지속된다. 의약품으로 위장하기 위해 붉은색이나 오렌지색 알약으로 만드는 모습은 엑스터시와 비슷하다.

인도와 일본, 호주 등에서 사용되다가 2000년 이후 한국에서도 싼 가격에 젊은 층을 중심으로 확산되고 있다. 이제 태국 출신 노동자 중 일부가 현지 마약 조직과 연결해 국제우편을 통해 들여오는 밀수입 양도 무시할 수 없게 됐다. 수사기관이 압수한 양이 2017년에는 2,583킬로그램, 2018년에는 8,538킬로그램(밀반입 양은 5,465킬로그램)인 것을 보면 증가 추세가 심상치 않다.

GHB감마하이드록시뷰티르산는 한국에서 '물뽕'으로 불린다. 음료에 몇 방울을 희석해 마시면 10~15분 내에 약물 효과가 나타나 3~4시간 지속된다. 복용하고 하루 정도 지나면 몸속에서 빠져나가기 때문에 사후 추적이 어렵다. 1990년대부터 클럽 약물로 사용되고 있다. '리퀴드 엑스터시liquid ecstasy' '롤리팝스' '리퀴드 X' '리퀴드 E' 등으로도 불린다. 제조법이 간단한 편이고 두세 가지 원 재료도 구하기 어렵지 않아서 전문 지식이 없는 이도 만드는 경향이 있다. 그 때문에 대개 불법 공장 시설이 아니라 일반 가정집에서 만들어지는 상황이다.

프로포폴은 1977년 영국의 한 화학 회사가 처음 합성해 임상 시험을 거쳤고, 국내에서는 1992년부터 사용이 허가됐다. 현재 코데인과 마찬가지로 세계보건기구의 필수 의약품 목록List of Essential Medicine에 올라 있다. 수술시 전신 마취를 유도하는 수면 마취제로 쓰이며 정맥주사를 통해 투약된다. 수면 내시경 검사를 할 때도 마취제로 쓰인다. 중추신경의 통증을 억제하는 한편, 기분을 좋게 하는 환각 효과가 있다. 미국에서는 '디프리반Diprivan'이라는 제품명으로 판매되고 있다.

10. 대마에 대하여

대마는 대마초와 대마초를 압축한 해시시로 나뉜다. 전 세계에서 가장 널리 사용되는 마약류로 2016년 대마 남용자 수는 1억 9220만 명이었다. 학명은 칸나비스 사티바 린네.

대마는 우리나라에서는 '삼'이라고도 하는데 고대부터 옷을 짓기 위해 널리 재배해왔다. 줄기의 섬유로 삼베나 그물을 짰고, 열매는 향신료나 한방 약재로 쓰이거나 기름을 짜서 썼다. 잎과 꽃이 흡연용인 대마초로 사용된다. 씨앗이 생겨날 때 풍부하게 생성되는 THC 테트라하이드로칸나비놀가 환각과 도취 증세를 일으키는 주성분이다. 이것이 암그루의 꽃 이삭(사상체)과 잎에 많이 들어 있다. 수그루의 잎은 대마초로서 상품 가치가 떨어진다.

그러니 THC가 거의 없는 씨와 뿌리, 줄기는 마약류에서 제외된다. 요즘 슈퍼 푸드로 주목받는 '헴프 시드'가 겉껍질을 제거한 대마 씨앗이다. 식품의약품안전처는 대마씨와 대마씨유의 THC 허

— 대마의 잎과 열매, 씨앗 형태를 보여주는 식물도감.

용 기준을 각각 1킬로그램당 5밀리그램, 10밀리그램으로 규제하고 있다.

2016년 기준 북미 지역의 최대 생산국은 멕시코이고, 남미 지역의 최대 생산국은 콜롬비아와 파라과이이며, 아프리카 지역의 최대 공급국은 가나, 아시아 지역의 최대 공급국은 인도, 유럽의 주요 공급국은 네덜란드와 알바니아였다.

한국은 월남전에 참전한 1960년대 이후 대마초가 퍼졌고, 미군 부대 인근에서 주로 유통됐다. 1970년 경기 의정부의 기지촌에서 대마초 제조 공장이 단속된 이래, 1975년 연예인들이 대마초를 피우다 대거 적발된 '대마초 파동'에서 보듯 1970년대 내내 마약판의 주류를 이뤘다. 현재는 국제우편을 이용한 소규모 밀수가 적발되고 있다.

2018년 10월 캐나다가 성인의 기호용 대마를 합법화했고, 미국도 기호용 대마가 합법이 된 주가 2023년 기준 21곳에 이른다. 한국인이 해외에 나가 합법 지역에서 피웠더라도 적발되면 국내에서 처벌된다. 한국은 '의료용 대마' 사용을 허가하는 내용의 마약류관리법 개정안이 국회를 통과해 2019년 3월부터 시행되면서 의료용에 한해 대마를 이용한 약품이 허용되고 있다. 대마 사범은 5년 이하의 징역 또는 5000만 원 이하의 벌금에 처해진다. 1년 이상의 징역(상습범은 3년 이상 징역)을 받는 마약이나 향정신성의약품 사범보다는 형량이 낮은 셈이다.

대마초는 대마의 잎과 꽃대 윗부분을 건조해 담배 형태로 만든 것이다. 아메리카 대륙에서는 '마리화나'라고 부르는데, 재배삼에서 얻은 것을 '간자ganja', 야생삼에서 얻은 것을 마리화나 또는 '브항bhang'이라 한다. 한국에서는 '떨' '풀' '끌끌이'라고도 부른다.

— 대마초를 종이에 만 형태를 '조인트joint'라 부른다. 담배를 말 때처럼 한쪽 끝에 필터를 추가하기도 한다.

'액상 대마'는 대마 진액으로 대마초보다 효능이 두세 배 강하다. 한국에서는 2016년 이후 전자담배처럼 액상 대마가 담긴 카트리지를 전자 기기에 끼워 사용하는 경우가 적발되고 있다.

해시시는 대마초에서 채취한 대마 수지를 건조한 후 압축해 다양한 형태로 만든 것으로 갈색이나 검은색 덩어리가 된다. THC가 10퍼센트나 함유되어 있어 효능이 대마초보다 8~10배나 강하다. 보통 해시시 1킬로그램을 만드는 데 30킬로그램의 대마초가 든다. 해시시로 만들면 대마초 특유의 냄새가 줄어든다. 해시시는 복용하면 잘 녹지 않아 몸 속에서 흡수가 느리므로 보통 흡연하는 편이다. 흡연할 때는 해시시만으로는 불이 잘 붙지 않으므로 '봉bong'이나 '베이퍼라이저vaporizer' 같은 파이프에 담배나 대마초를 함께 넣고 불을 붙인다. 인도 대마의 잎을 해시시라고 부르기도 한다.

— 해시시 10그램.

해시시 오일은 해시시에 아세톤과 알코올, 에테르를 섞은 뒤 여과와 증류 공정을 반복해 만든 농축액이다. 이때 오일의 THC 함량은 20퍼센트가 넘으므로 효능도 대마초보다 20배 이상 강하다. 해시시 오일을 사용하는 형태는 물담배를 피우는 방식과 흡사한데 카트리지나 봉 등을 이용해 가열한 뒤 증기를 들이마신다. 담배 한 개비에 오일 한두 방울을 떨어뜨려 흡연하기도 한다. 용기(캡슐)가 작아 밀반입하기가 쉽고, 대마 특유의 냄새가 약해 마약 탐지견이 찾아내기 어렵다. 밀가루 반죽에 몇 방울 섞어 '대마 쿠키'(해시 브라우니)를 만들기도 하는데 겉으로 보면 감쪽같다. 한국에선 2009년 러시아인들이 해시시 오일을 밀반입하려다 잡힌 것이 처음이었다.

11. 물뽕과 엑스터시, 프로포폴

버닝썬 사건이 터지면서 GHB, 즉 물뽕의 존재가 큰 화제가 됐다. 클럽 내 성범죄 가담자들이 물뽕을 술에 타서 피해자들에게 마시게 한 다음 범행을 저질렀다는 의혹이 일었다. 성폭행을 당하고도 그런 사실을 모를 수 있다는 사실에 사람들은 경악했다. 신종 마약류인 물뽕은 1960년대에 처음 합성되어 주로 우울증 치료제와 마취제에 쓰이다가 1990년대부터 미국과 유럽 등지에서 성범죄용 약물로 악용되기 시작했다. 환각 작용이 큰 것으로 확인되면서 우리나라에서는 1998년 처음 적발됐고, 2001년부터 마약류로 지정됐다. 물이나 술 등에 타 마시는 '물 같은 히로뽕'이라는 뜻에서 물뽕이라 불린다.

보통 물이나 소다수에 몇 방울 타서 마시면 15분 이내에 약물 효과가 나타난다. 몸이 이완되어 처지는 느낌이 들고 기분이 좋아지는데 이런 상태가 3~4시간 지속된다. 그런데 중추신경 억제제이

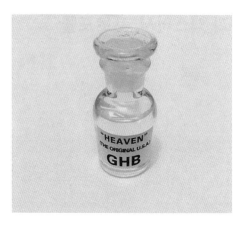

므로 알코올과 섞어 마시면 심각한 문제가 발생한다.

술에 타 마시면 약효가 증폭되어 구토와 호흡 정지가 일어나고 결국 의식을 잃고 만다. 필로폰은 술에 타면 역한 냄새가 나는데 반해 물뽕은 무색무취에 무미라서 모르고 마시는 사람은 알아채기 어렵다. 똑같은 이유로 범행을 저지르는 사람은 들키지 않고 술에 섞기도 쉽다. 물뽕을 탄 술을 마시는 즉시 몸을 가누지 못하고 이내 잠에 빠지듯 의식을 잃는다. 깨어난 뒤에도 의식을 잃은 동안 자신에게 또는 주위에서 무슨 일이 일어났는지 기억하지 못한다. 그래서 범행자가 누구인지 확인하거나 잡아내기 어렵다. 물뽕이 성범죄에 주로 이용되어 '데이트 성폭행 약물'로 불리는 것은 바로 이런 특성 때문이다. 미국에서는 이런 위험성이 감안돼 통제 물질 중 1급 규제 약물schedule 1로 지정되어 있다.

또 소변을 통해 빠르게 배출되는 특성 때문에 하루가 지나면 수사기관으로선 검출하기 어렵다. 하지만 모발 검사는 유효하다.

엑스터시는 1912년 독일 제약 회사 머크가 바이엘이 특허를 출원한 지혈제인 히드라스티닌과 유사한 약품을 만들려다 최초로 합성됐다. 1914년 메틸렌디옥시메스암페타민MDMA이라는 이름의 식욕 감퇴제로 개발됐다. 신경 말단에서 세로토닌과 도파민의 생성을 촉진한다. 한국에서 그 환각 작용이 알려지기 시작한 것은 1980년대 초였다. 1999년 이후 급속히 확산돼 댄스파티의 단골 메뉴가 됐고 필로폰과 LSD의 대체재로 급부상했다. 신촌이나 이태원, 강남 지역 클럽의 댄스파티에서 피로를 느끼지 않고 즐기기 위해 많이 사용됐다. 복용하면 머리를 흔들고 춤을 추며 환각 상태에 빠진다고 해서 일명 '도리도리'라는 이름으로 더 잘 알려져 있다. 또 타인의 신체를 만지고 싶은 욕구가 강해지므로 '포옹 마약hug drug'이라 불리기도 하는데 이런 접촉 욕구 탓에 파티나 모임에서 타인에게 좀 더 가까워진 기분 등 친근감을 느끼고 감정 이입을 한다. LSD에 비해 지남력(시간과 장소, 상황을 올바로 인식하는 능력)을 잃거나 지각 왜곡이 일어나는 정도가 덜한 편이다.

엑스터시를 복용하고 20분에서 1시간 정도 지나면 입이 마르고 동공이 확대되면서 극적인 흥분 상태에 빠지고 육체적 감각이 민감해진다. 복용하고 1시간 15분에서 2시간 사이에 약효는 절정에 이른다. 한 알을 먹으면 이런 환각 상태가 보통 3~5시간 지속된다.

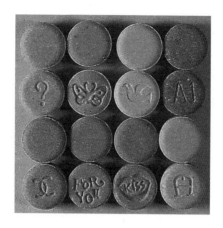

— 알약 형태의 엑스터시.

무엇보다도 알약이라서 복용하기 편한 까닭에 다른 마약에 비해 확산 속도가 매우 빨랐다. 한 알 가격이 5만 원이 넘는 고가임에도 불구하고 일부 연예인 등을 중심으로 널리 유포돼왔다.

복용하고 사나흘 지나면 소변에 더는 남지 않지만, 땀에는 2주까지 남는다. 일반적으로 필로폰 등과 비교해 중독성이 약하다고 알려져 있지만, 근육 긴장으로 이어져 심장 이상 박동이 일어나고, 오한이 들고, 땀을 많이 흘리고, 혈압이 올라가는 등 폐해가 심한 것은 기존 마약과 크게 다르지 않다.

프로포폴은 기존 마취제보다 마취가 빠르고 마취에서 회복하는 시간도 짧은 편이다. 정맥에 투여하면 채 1분도 안 돼 의식이 없어진다. 마취에서 회복하는 속도도 빠른 편인데 보통 2밀리그램을 투

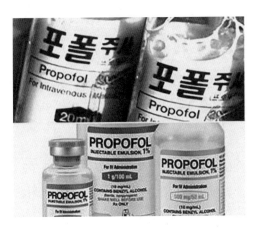

— 프로포폴 주사액.

여하면 5분간 수면이 지속된다. 즉 혈액 순환이 빨라 간에서 대부분 대사되어 소변으로 빠져 나오므로 몸속에 남지 않고 빨리 사라진다. 또 기존 마취제의 부작용이었던 구토와 울렁거림 등이 없다. 하지만 기존 마취제인 미다졸람, 케타민, 치오펜탈처럼 호흡계와 심혈관계를 억제해 호흡 저하나 무호흡 상태를 일으킬 수 있다. 과다 투여하면 잠이 깊어져 호흡이 멈출 수 있다는 말이다. 무엇보다 정신적 의존성이 높다는 점이 치명적이다.

주사를 맞는 순간 혈관 속으로 퍼지면서 쾌감이 찾아든다. 뇌 기능이 억제되면서 다량의 도파민이 뿜어져 나오기 때문이다. 잠들기 직전까지 짧은 시간 동안 느끼게 되는 이 쾌감이 투약자를 중독으로 이끈다. 깨어나면 푹 자고 일어난 듯한 개운한 느낌이 든다.

주성분인 페놀계 화합물이 물에 녹지 않으므로 피와 잘 섞이도록 콩기름과 인지질을 섞어 주사액을 만든다. 그 때문에 불투명한 흰색 빛깔을 띠는데 한국에서는 그 빛깔을 보고 '우유 주사'로 속칭한다. 이 약물과 관련해 '우유'라는 표현은 보편적이어서 다른 나라에서도 '기억상실증 우유milk of amnesia' 또는 간단히 '우유'라고 부른다.

한국에서는 약물에 접하기 쉬운 의사와 간호사 등 의료 종사자들이 업무 스트레스와 호기심에 손을 댔다가 중독되는 경우가 먼저 보고되었다. 그러다가 2010년대 초 서울 강남의 병원과 연예인들 중심으로 유행처럼 퍼졌다. 2011년 2월부터 향정신성의약품으로 지정됐다. 세계 최초였다. 프로포폴이 마약류로 지정되자 이번에는 비슷한 효과를 내는 다른 수면 마취제 '에토미데이트'가 유흥업소 종업원 등 사이에서 급속히 퍼져나갔다.

성형수술이나 지방 흡입, 리프팅, 주름 제거 같은 미용 시술처럼 단시간 마취가 필요할 경우 수면 마취제로 적합하다. 식품의약품안전처가 발표한 '2018년 하반기 마약류 사용 현황'에 따르면 범죄로 간주되지 않는 의약품 마약류 중에서 가장 많이 쓰인 것은 프로포폴이었다. 수면 내시경 등 진료 과정에서 자주 처방됐기 때문이다.

문제는 프로포폴에 의존성을 보이는 사람이 시술을 빙자해 상습적으로 주사를 맞으러 오는 경우다. 이때 의사는 시술 대상이 중독 상태인 것을 알고도 묵인하거나 불법 투약을 조장하기도 한다. '원장님'이 마취에서 막 깨어나 몽롱한 상태에 있는 중독자에게 다가가 추가로 프로포폴을 더 맞을 것을 권유하거나, 깨어난 중독자가 아예 간호조무사에게 "좀 더 자고 싶다"며 더 놔달라고 하는 것이다. 그에 그치지 않고 병원을 나가는 대로 다른 병원에도 들러 프로포폴을 맞기 위해 같은 시술을 다시 받는다.

프로포폴 주사(중독자): "잠을 잘 못 자서 신경이 날카로워지는 날엔 가끔 생각난다. 주사 한 대당 10만 원 정도 한다. 시술이 끝난 뒤에도 일어나지 않고 그대로 누워 있으면 된다. 간호조무사에게 '좀 더 자고 싶다, 쉬고 싶다'고 말하면, 추가로 주사를 놔준다. 그리고 침상 옆으로 커튼을 쳐준다."

12. 투약한 흔적을 찾아내기

마약 사범들은 수사기관의 마약 검사를 앞두고는 투약한 흔적을 없애기 위해 염색과 제모, 삭발 등 여러 회피 수법을 쓴다. 하지만 실제 효과는 미미하다. 현재 다양한 검출 기법이 개발되어 있기 때문에 투약해놓고 들키지 않고 빠져나갈 구멍은 거의 없다.

일단 검사를 받기 전 링거액을 맞음으로써 마약 성분이 남아 있는 혈액을 희석하려 하거나, 사우나에 가서 땀으로 배출하려 한다. 하지만 이는 속설일 뿐 효과가 거의 없다. 땀 속에는 투약하고 2주가량 성분이 남는다.

수사기관의 소변검사는 항원·항체 반응을 이용한 간이 시약 검사다. 항체는 실험동물에 마약을 투약했을 때 몸에 생기는 것을 추출한 것인데, 이를 이용해 진단 시약을 만든다. 투약하고 일주일가량 지나면 투약자의 소변에 더는 마약류가 남지 않는다. 소변을 감정해 필로폰 투약 여부를 알아낼 수 있는 기간은 단순 투약자의 경

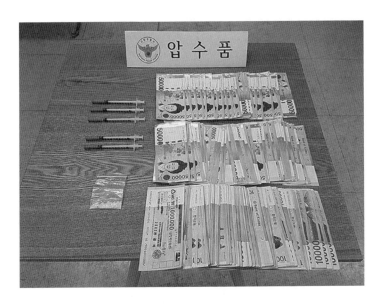

— 경찰이 마약 사범을 검거하면서 함께 압수한 현금과 주사기. 사진 경기고양경찰서

우 투약하고 나흘까지, 중독자는 일주일에서 열흘까지다. 그리고
이에 근거해 필로폰 투약 시점을 추산한다. 이러한 시간 추산은 투
약자들 사이에서는 비교적 널리 알려진 사실이다.

1차 관문을 통과하더라도 정밀 검사에서 적발되지 않기는 어렵
다. 마약류를 투약하면 머리털이나 몸털에 어떻게든 흔적이 남기
때문이다. 일단 마약 성분이 모낭 주위에 모였다가 새로 만들어진
머리카락으로 계속 옮겨가므로 피의자가 머리카락을 자르지 않는
한 얼마든지 잡아낼 수 있다. 보통 수사기관은 검사를 진행하기 위
해 모발을 50수 이상 채취한다. 이때 모발이 한 달에 1센티미터쯤

자란다는 점(개인에 따라 0.8센티미터에서 1.3센티미터까지 편차를 보인다)을 감안해 투약 시기를 추산하므로 모발을 자르는 길이가 1센티미터가 될지 4센티미터가 될지는 이에 따라 결정된다. 즉 사건에 따라 모발을 분획 절단한다.

머리를 염색하더라도 염색약을 없애고 검사하면 흔적이 추출된다. 머리를 삭발한 경우에도 모낭 세포를 채취해 검사하면 일주일 정도까지 남는 마약 성분을 확인할 수 있다.

피의자가 검사를 통과하기 위해 제모를 한 상태로 나서도 수사기관은 신체 특정 부위에 남아 있는 체모를 채취해 검사를 진행한다. 투약자가 전문 왁싱숍이나 레이저 제모 클리닉의 도움을 받아 전신 제모를 하더라도 모든 체모를 제거하기는 불가능하다. 머리카락, 수염, 눈썹, 속눈썹, 음모뿐 아니라 겨드랑이와 가슴, 손, 다리 등에 난 털 중에서 일부 놓치고 남기기 마련이다.

2019년 4월 한 50대 남성 투약자가 경찰의 검사를 피하려고 전신의 털을 제모하고 머리까지 염색하고 출두했으나 정밀 검사에서 걸리고 말았다. 경찰은 그의 눈썹 200여 수를 뽑아 국립과학수사연구원에 감정을 의뢰했고, 결국 필로폰 양성 반응이 나왔다. 비슷한 시기에 유명 배우와 재벌 3세가 마약류 투약 혐의로 검거됐을 때 배우는 소변검사를 통과했으나 모발 검사에서 필로폰 양성 반응이 나왔다. 그 또한 염색을 하고 눈썹과 다리털을 제외한 대부분 체모를 제모한 상태로 검사에 대비했는데 경찰은 다리털을 이용해 투약 사실을 밝혀냈다. 미처 깎지 못한 것이다. 2014년경 검찰이 한 투약자의 항문 주위에서 남은 털을 채취해 검사를 진행함으로써 검거한 일화는 유명하다. 드문 경우에 한해 손톱과 발톱에 남은 흔적을 정밀 검사하는 방법도 있다.

이제는 투약한 사실을 수년 후까지도 감식할 수 있게 됐다. 며칠만 지나면 검사에서 적발되지 않는 '안전한' 마약이란 없다.

흔적 없애기(중독자): "일단 사우나에 가서 땀을 쭉 뺀다. 마약을 하고 일주일쯤 지나면 몸속에 아무런 흔적도 남지 않는다. 모발에는 마약 성분이 열흘 정도 남는데, 그것도 머리를 밀거나 탈색을 세 번 하면 다 없어진다. 돈 10만 원 정도를 들여 탈색과 염색을 두세 번 반복하면 아무것도 남지 않는다. 그러니까 수사 과정에서 받는 소변 감정이 별로 효과가 없다는 말이다. 요즘에는 신기술을 도입해서 머리를 탈색해도 마약한 흔적을 잡아낼 수 있다고 한다. 그래도 한 달 이상 남지는 않는다. 현재 모낭 세포까지 검사하는 것은 어렵다고 들었다. 투약하고 머리까지 자르고 나면, 그 사람이 마약을 했는지 안 했는지 알아낼 방법이 없다. 그렇게 검사에서 직접 증거가 나오지 않으면 그 사람은 일단 구속을 피할 수 있다."

3부

마약하는 사람들

13. "마약의 끝은 사창가"라는 말에 충격
: 아버지의 이야기

권씨는 마약류를 끊었다. 고등학교를 졸업한 스무 살 나이에 처음 필로폰을 투약했다. 10년이 넘는 중독 생활을 마감하고 재활에 성공해, 현재는 수도권 한 병원에서 정신보건 사회복지사로 일하고 있다. 마약 중독자를 상담 치료하면서 약을 끊을 결의를 북돋워주는 일을 한다. 그녀는 전문가들 사이에서 약물 중독 치료·재활 분야의 '진주'라는 말을 듣고 있다.

권씨의 아버지도 곁에서 겪은 그동안의 힘든 과정을 털어놨다. 부녀는 인터뷰할 당시에는 실명을 밝히기로 했었다. "우리 사회의 마약류 중독 또는 의존자를 범죄자로 낙인찍기보다는 치료와 재활, 그리고 회복이 필요한 사람으로 인식해 우리 사회가 함께 끌어안기를 바라는" 마음에서다. 하지만 이후 다른 가족과 합의가 이뤄지지 않아 부득이 익명을 쓰게 됐다. '어떤 시선으로 풀어낼 것인가'를 놓고 고민하다가 두 사람을 인터뷰한 내용에 토대해 그들의 시점으로 바꿔 이야기를 재구성하기로 했다. 아버지와 딸의 이야기를 연이어 소개한다.

_____

2005년 겨울, 세 남매 중 막내 딸내미가 경찰에 체포됐다. 경기 평택경찰서라더라. '하… 또 했구나.' 자기 팔뚝 혈관에 주삿바늘을 또 꽂았던 게다. 필로폰을 투약한 죄로 구속됐다가 청주여자교도소에서 출소한 지 몇 달이나 됐다고. 같이 약을 하고 놀던 사내 녀석이 경찰에 붙잡혔다가 딸의 이름을 언급한 모양이다. 딸은 경찰에 불려나가 소변검사를 받았는데 양성 반응이 나왔다.

나(82세)는 심란한 마음에도 인천에 있는 가구 공장에 나와 평소처럼 작업을 했다. 잠깐 한눈을 팔다가 프레스 기계에 오른손 엄지 마디 하나가 잘리고 말았다. 꿰매어 붙였지만 길이가 1센티미터가량 짧아졌다. 대수롭지 않게 여겨졌다. 20대를 통째로 빼앗긴 딸아이를 속절없이 바라보는 아픔에 비하랴, 그때도 그런 생각을 했다. 돌면 돌수록 파멸로 가속하는 마약 중독의 회전문 안에 갇힌 가엾은 딸!

아비의 시선에서 딸의 잃어버린 10여 년을 세상에 알리려 한다. 딸의 인생은 스무 살에 처음 꽂은 주황색 약 '작대기'(필로폰 주사기)를 서른 넘도록 끼고 살다 처참히 망가졌다. 세상은 범죄자라 부르지만 곁에서 지켜본 아비의 눈에는 약을 도저히 끊어내지 못하는, 병을 앓는 환자가 분명했다. 그 이야기를 하려 한다.

스물 살 나이에 중독

딸은 상고를 졸업한 1998년 처음 마약류에 손을 댔다. 그해 IMF 외환 위기가 터지면서 그 학교 졸업생들이 주로 취업하던 은행들은 채용문을 닫아버렸다. 졸업하고 여기저기 전전하며 월급 60만 원 받는 단순 업무를 해야 했으니 상심이 컸을 것이다. 모녀 관계도 틀어졌다. 딸은 집에서 따로 나와 살면서 부산에서 하숙했다. 그때 인터넷 채팅방을 통해 한 남자를 만나게 됐고 그를 통해 처음 필로폰 주사기를 꽂게 됐다. 한순간에 지옥이 열렸다. 딸이 나락에 떨어질 때 나는 이미 아내와 이혼한 터라 손쓸 틈이 없었다.

그 후 딸은 다시 애 엄마와 함께 살게 됐는데도 엄마를 속이고 계속 투약해오다가 툭하면 새벽에 귀가하고 살이 확 빠진 딸의 모습을 수상히 여긴 엄마에게 걸렸다. 필로폰에 빠지면 밥맛이 뚝 떨어진단다(주요 성분인 암페타민은 식욕을 저하시키는 효과가 있어 미국에서는 비만증 치료에 쓰인다). 딸내미의 옷장을 뒤지다가 투약 얘기가 가득 적힌 일기장과 주사기를 발견했고 그것을 경찰에 넘겼다. 그렇게 엄마의 뒤늦은 신고로 경찰에 붙잡혔다. 투약을 시작한 지 2년 만이었다.

딸은 그때 수사기관에 걸린 것이 처음이라서 치료를 받는다는 단서를 달고 기소유예를 받았다. 일정 기간 치료를 받는 조건하에 재판에 넘기지 않겠다는 일종의 선처였다. 바로 부산시립병원에 두 달 동안 입원했다. 그러나 딸은 다시 투약했다. 이듬해 재판에 넘겨져 징역 1년에 집행유예 2년 선고를 받았다. 그때는 이미 집행

— 10년 넘는 중독 생활을 마감하고 재활에 성공한 딸과 담소를 나누는 아버지. 사진 손현성

유예 따위는 약에 빠진 딸에게 전혀 경고가 되지 못했다. 보호관찰이 채 끝나기도 전에 다시 약에 손을 댔고, 결국 1년 6개월 징역을 선고받고 실형을 살아야 했다.

2001년 처음 수의를 입고 옥살이한 딸은 교도소에서 '아는 언니'라는 사람을 만났다. 딸은 이듬해 출소했고 부산에서 내가 있던 서울로 올라왔다. "부산에 있으면 계속 약을 할 것 같다"며 딸이 자발적으로 움직였다. 아버지로서 화목한 가정을 꾸려주지 못한 점 그리고 엄마와 마찰이 심한 것이 마음에 걸려서 나는 딸을 최대한 자극하지 않으려 애썼다. 딸은 범죄자라는 낙인을 의식했고, 그런 모습을 보는 내내 안쓰러웠다. 대인 기피증이 보였다. 매일 출근할 때 딸에게 한마디만 했다. "제발 편히 쉬고 있어라."

'아는 언니'에게 가다

서울 봉천동에서 함께 살던 2004년 무렵 딸은 감방에서 만난 '아는 언니'를 찾아갔다. 무슨 일로 가는지는 물어보지 않아도 뻔했다. 팔에 마약 작대기를 꽂으러 가는 것이 분명했다. '아는 언니'는 안마방 영업을 하는 동거남과 경기 남양주에 살았는데, 그때도 한껏 약에 빠져 있었다. 동거남도, 그 집을 드나드는 무리 서너 명도 마찬가지였다. 더구나 안마방은 성매매 업소였다. 딸을 이대로 내버려 둬서는 안 된다는 걸 충분히 알고 있었다. 나는 고민을 거듭했다. '딸을 개한테 목줄을 매듯 집을 못 나가게 묶어둬야 하나.'

하지만 별도리가 없었다. '그래, 가더라도 집에 돌아오기만 해라.' 사람들은 나를 정신 나간 자로 볼 수 있다. 그런데 집안에 여자 마약 중독자가 있으면 사정이 달라진다. 딸이 거짓말하기로 작정하고 다른 길로 샐까 봐 불안하다. '그냥 친구 집' '누구 아는 사람 집'이라 둘러대고 돌아다니면 더욱 믿을 수가 없어진다. 딸 주변 사람 중에도 마약 중독자가 더러 있었다. 내 딸이나 그들은 교도소를 그렇게 드나들고도 출소할 때 "아이고, 이제 약을 딱 끊겠습니다"라고 말하는 법이 없었다. 어쩔 수 없었다.

그나마 '아는 언니'네 집을 찾아가는 게 덜 불안했다. 더 몹쓸 짓을 하거나 죽게 내버려둘 것 같지는 않은 막연한 기대가 있었던 걸까. 어차피 당시 딸은 집에서 못 나가게 막은들 소용없었다. 그만큼 반발심만 커져서 더 강하게 뛰쳐나갈 터였다. 나도 돈벌이하러 공장에 나가야 하는 처지여서 계속 붙잡아둘 수 없었다.

딸은 2004년 투약을 반복하다 두 번째 실형(징역 10월)을 받았고, 2006년에 한 번 더 징역 10월 실형을 선고받았다. 우리 세대는 남들 앞에선 눈물을 흘리지 않아야 한다고 배웠는데 혼자 있을 땐 절로 눈물이 났다. 달리 방법이 보이지 않았다. 혼자서 끙끙 앓는 그런 세월을 보냈다. 그만큼 힘들었다. 딸한테는 미안한 얘기이지만 난 애가 청주교도소와 목포교도소에 있을 때 한편으로 마음이 제일 편했다. 적어도 큰 사고는 나지 않을 것이라는 생각에서였다. 그 다음으로 마음 편할 때는 딸이 병원에 입원했을 때였다. 어떻게든 딸이 치료를 받고 있다는 생각에 대체로 잠이라도 잘 수 있었다. 솔직히 딸이 머리를 깎고 절에 들어가는 게 소원일 정도였다. 병원이든 산 속의 깊은 절이든 맨정신이 되어 돌아올 수만 있다면, 더 바랄 게 없었다.

깊은 갈등에 빠지게 한 답답한 딜레마가 있었다. 딸의 마약 값을 대납하는 문제였다. 딸은 당시 제3 금융(대부업체)에서 대출을 받은 돈으로 필로폰을 맞았다. 딸이 서류 보호자란에 내 이름을 써놔서 상환이 밀리면 어김없이 내게 전화가 왔다. 그럴 때마다 난 미칠 지경이 됐다. 수도 없이 고민하다가 결국 갚기로 했다. 나중에 기적이 일어나 딸아이가 약을 끊을 수도 있는데, 얘가 이제 밀린 대출금 때문에 또 좌절해서 약 생각이 날까 봐 그랬다. 나는 2003~2005년 총 700만 원을 갚았다. 공장에서 일해 월 100만~120만 원 벌 때였다.

재판 선고 전날에도 투약

지금 떠올려봐도 2006년은 아찔한 해였다. 참, 기가 찼다. 딸이 "아빠가 살해됐다"고 차 안에서 난리를 쳤다. 바로 옆에 멀쩡히 앉아 있는 사람을 두고 자꾸 내가 악귀한테 죽임을 당했다고 고래고래 외치면서 울었다. 약물 급성 중독으로 생긴 섬망 증세였다. 자기가 있는 곳이 어디인지, 누구와 함께 있는지 의식되지 않는다. '아는 언니' 집에서 투약하다가 증상이 확 올라온 딸을 집에 데려오는 길이었다. '아는 언니'가 전화해 "얘가 옥상에서 뛰어내릴 것 같으니 집에 데려가서 재우라"고 알려주었다. 그 지경이 된 딸을 직접 보고 실감했다. '끝내 인생의 바닥을 쳤다'는 것을. 집에 데려다 놓고 나서 혹시 무슨 사고라도 날까 봐 집 안의 날카로운 물건은 다 치웠다. 아주 드물더라도 약물 중독자 중에는 환각에 빠져 사고를 치는 사람이 있으니까.

여동생을 병원에 입원시킨 아들은 "한 번 더 하다가는 동생이 객사하겠다"며 '아는 언니' 일당을 경찰에 신고했다. 그때까지 딸은 약을 대주는 '상선'을 부는 법이 없었다. 판매자의 신원을 보호해야 다시 약을 탈 수 있을 테니까. 아들은 복수심이 아니라 오로지 동생을 살려야겠다는 심정에서 한 일이었는데, 그쪽 일당도 가만있지 않았다. 그들에게 약을 받곤 했던 딸은 곧바로 검찰에 불려갔다. '아는 언니'는 딸에게 처음에는 공짜로 필로폰을 주다가 나중에는 판매하는 남성을 소개해주었다. 원수 같은 존재지만 그나마 그때 딸이 죽기 전에 경고해준 건 감사한 일이다.

2007년 '아는 언니' 일당의 추가 진술 탓에 딸은 또다시 재판에 넘겨졌다. 그런데 선고일 전날 딸은 치료 중이던 한 남성의 꾐에 넘어가 다시 주삿바늘을 꽂았다. 네 살 많은 사내와 함께 투약했다. 약을 한 티가 역력해서 딸에게 물었다.

"너, (필로폰에) 또 손댔느냐? 남은 것 이리 내놔라."

딸에게 받은 약물을 변기에 뿌리고 물을 내렸다. 출근하면서 한 마디했다. "자수해라." 딸은 잘못을 인정했다. 혼자 무릎을 꿇고 빌더니 제 손으로 112에 신고했다. 그 뒤 유치장에서 발작을 일으켜 고려대안산병원으로 실려 갔다. 딸이 자수를 하고 죽기 직전 폐인 꼴이 된 상태가 감안되어 선처(치료조건부 기소유예)가 떨어졌다. 그때는 딸에게 약을 준 남자만 처벌받았다.

병원에 들어갔는데도 도무지 악몽에서 헤어날 길이 보이지 않았다. 딸은 여전히 약에 손을 뻗었다. 2008년에는 파출소에서 "딸을 데려가라"는 전화가 왔다. 딸이 약에 취해 택시를 탔다가 "제가 원하는 대로 가달라"는 말만 반복하니 기사가 어이가 없어 파출소에 내려준 것이다. 경찰은 단순히 '정신 나간 여자'로만 본 모양인지 풀어줬다. 더는 참다못해 딸에게 마지막으로 경고했다.

"약 끊을 때까지 병원에서 나오지 마라."

결국 딸은 마약류 중독 치료보호 지정 기관인 국립부곡병원(경남 창녕)에 들어갔다. 한 줌 희망이야 버리지 못했지만 딸이 중독의 회전문을 탈출하는 건 불가능하리라 본 것이다.

나는 최근까지 주위 사람들을 피해 살았다. 마약 중독자 딸을 둔

아버지였으니까. 세상 어디에도, 친척에게도 이런 사정을 말하지 못한 채 입을 꾹 닫고 살아왔다. 중독자라는 낙인은 그림자처럼 붙어 다녔다. 왼쪽 귀가 어두운 것을 차라리 감사히 여겼다. 이번에 신문사 기자가 건넨 명함을 받고 만감이 교차했다. 내가 거의 20년 만에 사랑하는 딸의 흉을 잔뜩 늘어놓으며 어렵게 말을 꺼낸 이유는 이렇다. 누구든지 걸릴 수 있는 병이 마약 중독이다. 정말 힘들어하는 사람들이 많다. 마약 의존자가 문제가 있더라도, 편견이 없을 수는 없더라도, 사람답게 살 기회를 주기를 바란다.

사회적 지위(중독자): "약을 안 해도 살 만하고 사회적 위치나 역할이 불안하지 않으면 뭣 하러 약을 하겠어요. 동물실험에서 원숭이들을 4개 집단으로 나누고 약을 곁에 두면, 피지배 집단만 약을 해요. 사회적 역할에서 스트레스를 크게 받는 쪽이 약을 하는 거죠. 사회생활에서 만족도가 높은 원숭이 집단은 약을 하지 않아요."

14. "마약의 끝은 사창가"라는 말에 충격
: 딸의 이야기

나(40세)는 지독한 마약 중독자였다. 스무 살 적인 1998년 필로폰에 처음 손을 댄 뒤로 수도 없이 팔뚝 혈관에 주삿바늘을 꽂고 약물을 흘려 넣었다. 서른 살까지 꼬박 10년간 비참한 처지를 면치 못했다. 2000년에 병원의 마약 투약자 신고 법규가 바뀐 것도 모르고 병원에 가면 경찰에 잡혀가는 줄 알았다. 2008년 6월 죽기 직전의 폐인 꼴이 되어 국립부곡병원에 입원했다. 점잖은 아버지가 참다못해 "약 끊을 때까지 병원에서 나오지 마라"는 마지막 경고를 하고서다.

권씨 마약류 중독 10년

1998년 고등학교를 졸업한 직후 스무 살 나이에 처음으로 필로폰을 투약한다.

2000년 어머니가 경찰에 신고하면서 투약하고 2년 만에 처음 적발된다. 검찰에서 치료조건부 기소유예 처분을 받는다. 곧바로 부산시립병원에 두 달간 입원한다.

2001년 투약한 사실이 적발되어 징역 1년에 집행유예 2년을 선고받는다. 보호관찰 기간에 재범하다 다시 적발돼 처음으로 실형(징역 1년 6개월)을 선고받는다.

2004년 교도소에서 출소한 후에도 투약을 계속하다 다시 한 번 실형(징역 10개월)을 선고받는다.

2006년 출소한 후에도 약을 끊지 못하다가 세 번째 실형(징역 10개월)을 선고받는다.

2007년 병원에 입원해 있던 중 과거에 투약한 사실이 추가로 드러나면서 벌금형(500만 원)을 받는다.

2008년 다시 투약하다 자수하면서 이번에는 치료조건부 기소유예 처분으로 풀려난다. 폐인이 되기 직전의 상황에서 아버지의 권유에 따라 국립부곡병원에 입원한다. 현재까지 약을 끊고 있다.

어느 날 같은 병동에 있는 한 남자(35세)가 손 편지를 건넸다. 자기 아버지가 조직폭력배 출신인 자기에게 쓴 글이라 했다. '네가 피를 보며 돈을 만지더니 이제 마약에까지 빠졌구나. 아들아, 약만은 절대로 안 된다.' 피붙이가 중독된 사실을 뒤늦게 안 부친의 탄식과 아픔이 곳곳에 묻어났다. 같은 처지에 가슴이 찡했다. 사내는 나직이 말했다.

"네 아빠도 너 때문에 운다. 알고는 있어라."

그리고 필로폰에 빠진 여자의 비참한 말로에 관한 얘기를 덧붙였다. 주삿바늘 같은 직설이었고 그것이 날 찔렀다.

"네가 나이 들어 약은 더 하고 싶은데 돈은 한 푼 없으면 어디로 가게 될 줄 아냐? 결국 사창가다. 아니면 섬 같은 데 팔려가든지."

그는 처음 본 날부터 매일 시답잖은 말을 걸어왔지만 그날따라 그의 말은 내 폐부를 찔렀다. 내가 마약 세계의 밑바닥에서 투약의 대가로 남성들에게 이용당해왔을 거라고 짐작한 것이다. '내 모습이 그토록 비참했나.' 나는 충격을 받았지만 자존심이 상하지는 않았다. 이상하게 그의 말은 따뜻했다. 퍼뜩 정신이 들었다. '나이 들어 정말 그렇게 되면 죽고 싶겠지.'

나는 입원하고 한 달 만인 그해 7월 집에 돌아갔을 때 가족들 앞에서 "이제 약 안 하렵니다"라고 선언했다. 약을 끊기로 한 결심을 밝혔다. 하지만 번번이 실망감을 맛본 아버지는 아무런 반응도 보이지 않았다. '네 말을 어떻게 믿어?'라는 듯한 표정이었다.

병동의 남자가 가르쳐준 대로 우선 휴대폰 번호부터 바꿨다. 툭

— 마약 중독으로 20대를 통째로 잃었다가 극적인 계기와 회복 노력으로 10년여간 약
을 끊어온 권씨가 자신이 일하는 병원의 사무실에서 아버지와 대화를 나누고 있다.
사진 손현성

14. "마약의 끝은 사창가"라는 말에 충격: 딸의 이야기

하면 약의 유혹을 던지는 이들의 손길을 끊어냈다. 그리고 약 대신 집중할 대상을 찾아 나섰다. 업체에서 휴대폰 부품을 받아 와 집에서 조립하는 월 40만 원짜리 아르바이트를 반년간 했다.

아버지는 그런 나를 보고 "그렇게 기쁠 수가 없었다"고 했다. 약을 끊을 가능성이 보인다고. 생활 패턴도 뜯어고쳤다. 요가와 줄넘기를 하고 때때로 산책을 나갔다 왔으며, 남들 잘 때 푹 잤다. 병원에서 만난 남자의 엄마가 중독을 극복하는 데 도움이 된다며 정리한 메모가 있었는데, 고스란히 전해들은 대로 따라했다. 마음이 불안해지면 특정한 요가 자세를 취하라는 식이다. 그 남자는 여러모로 은인이다. 중독자의 마음을 돌이키게 만든 것은 그 사람의 마음에 공감해주는 이의 따뜻하면서 날카로운 한마디 말이었다.

"평범하게 살 수 있구나"

2009년 1월 연매출 40억 원 규모인 컴퓨터 제조업체에 경리로 취업했다. 작은 회사라 직원을 채용할 때 범죄 경력을 조회하지도, 밝히기를 요구하지도 않았다. 열심히 일했다. '나도 직장이 있구나' '평범하게 살 수 있구나' 하는 마음에 점차 자신감이 붙었다.

그러다 2011년 경찰 수사관이 느닷없이 회사로 찾아오면서 절망의 늪으로 떠밀렸다. 경찰은 "회사 앞에 와 있으니 내려오라"고 했다. 이유를 묻자 "누가 당신을 투약자라고 제보했다"고 했다. 당시 나는 3년 가까이 약에 손대지 않던 중이라 금방 오해가 풀리리라 여겼다. "제가 (마약 검사용) 소변을 드릴 테니 조금만 기다려달라"고 했다. 경찰은 내가 범죄자라 확신했다. 한 수사관은 급기야 사무실까지 들어와 둘러봤다. 나는 경황이 없는 중에도 사장님에게 "실은 과거에 마약 중독자였는데 지금 경찰에 불려가야 합니다. 미리 말하지 못해 죄송합니다"고 사정을 설명했다.

세상이 무너지는 심정이었다. 경찰서에서 당연히 소변을 이용한 마약 검사는 음성 반응이 나오고 검찰도 '혐의 없음'으로 처리했지만, 평온한 일상은 이미 짓밟힌 뒤였다. 제보자가 누구인지는 알고도 남는다. 수사기관에 잡히자 수사에 협력해서 본인의 처벌 수위를 낮추려고 나를 던진 것이리라. 마약에 절었던 나였으니 '여전히 하고 있겠지' 하고 툭 찌른 것이다.

회사를 관둬야겠다고 결심했다. 월 1억 원 넘는 회삿돈을 만지는 내가 혹시 돈을 다 꺼내 약 사러 가지는 않을지 걱정할까 봐, 그게 미안했다. 사표를 냈다. 고맙게도 사장님은 반려했지만 그때 누명 사건으로 난 생채기는 좀처럼 아물지 않았다.

나를 다시 일으켜 세운 건 평범한 삶에 대한 오랜 숙원이었다. 화목한 가정에서 자라지 못한 나는 평범한 사람으로 살아가고 싶은 욕구가 컸다. 국립부곡병원에서 만난 남자가 던진 한마디 말은 마약을 끊을 강한 계기가 됐지만, 약 대신 다른 것을 하고 싶게 만들어 '회복' 상태로 이끈 것은 바로 그런 바람이었다. 평범한 삶을 살고 싶은 마음이 새로운 삶을 시작할 동력이 됐다. 물론 병원 치료가 도움이 됐지만 그런 동기를 만나지 못했다면 별 진전이 없이 똑같은 상태에 머물렀을지도 모른다.

우여곡절 끝에 정신보건 사회복지사 꿈을 키웠다. 2012년 정신보건 사회복지사 자격 요건인 사회복지사(1급) 자격을 땄다. 시험공부를 하기 전에 크게 당황했다. 법에 사회복지사 결격 사유로 '마약 중독자'가 있었기 때문이다. 간절함만큼 불안이 커졌다. 청와대 국민신문고에 '과거에 마약 중독자였어도 사회복지사가 될 수 있지 않느냐'는 글도 썼다. 다행히 발목이 잡히지는 않았다. 2014년 3월부터 보건복지부 지정 병원에서 1년간 수련해 정신보건 사회복지사(2급) 자격도 땄다. 나와 같은 아픔을 겪은 마약 중독자를 도울 발판이 마련된 것이다.

기쁨도 잠시뿐이었고 시련이 다시 왔다. 2015년 인천 모 병원에 취업한 지 2주 만에 권고사직을 당했다. '윗사람에게 대든다'는 이유였다. 내게 소명할 기회는 주어지지 않았다. 나중에 그 윗사람이 마약 중독자에 대한 선입견이 있다는 얘기를 들었다. 병원 동료들은 내가 그러지 않았다는 걸 알았다.

운이 좋게도 실직자 신세는 오래가지 않았다. 다른 중독 치료 기관에 몸담게 됐고, 때로 서울역 앞 한 교회에서 열리는 중독회복 상담학교에서 내 아픔을 다른 중독자와 가족들에게 털어놓을 기회가 생겼다. 2년간 대여섯 번 나의 중독 인생을 전했다. 직장암으로 투병하는 아버지는 강의할 때마다 와서 내 모습을 지켜봤다. 아버지는 "체한 게 싹 내려가는 기분"이라 말했다. 아버지가 암에 걸린 건 내 탓만 같다.

아버지는 내가 재발해 헤매던 시절에도 내 방에 들어와 약을 찾아 뒤지는 일이 없을 정도로 점잖은 분이다. 재발도 마약 중독 치유의 과정 안에 녹아 있는 것이라며 나를 포기하지 않았다. 암도 그러하듯이 중독도 크게 다르지 않다고 했다. 곁에서 참고 기다린 아버지가 있었기에 10년이 넘어 약을 끊을 수 있었다.

병원의 신고 의무 조항 폐지(중독자): "예전에는 마약 중독자가 스스로 병원에 찾아가면 의사가 검찰에 이를 신고할 의무가 있었어요. 2000년 7월 그 법 규정이 없어졌는데, 난 2006년까지도 그 사실을 몰랐어요. 병원 가면 잡혀가는 줄 알았죠. 지금도 더러 중독자가 찾아오면 신고하는 의사가 있어요. 법 규정이 바뀐 것을 모르는 사람들이 제법 있어요."

15. 쳇바퀴, 20대에 마약 시작하면 40대엔 전과 3범

"마약을 하는 순간 감방에 한 발을 걸치게 된다. 한 달 뒤가 될지, 1년 뒤가 될지 몰라도 교도소에 들어가는 악몽은 되풀이된다."

마약 중독자 김 모(41세) 씨. 그는 고등학교 유학 시절 친구들과 어울리며 대마를 맛봤고, 20대 땐 국내 중견 기업 엔터테인먼트 부문에서 일하던 도중 약을 슬쩍 권유한 지인에게 팔뚝을 내줌으로써 필로폰에도 빠졌다. 서른 살에는 집행유예 기간임에도 또 약을 해 2007년 첫 감방 생활을 했다. 실수로 큰 교통사고를 냈다고 둘러댄 것을 끝으로 직장을 잃었다.

그는 변하지 못했다. 실형을 두 차례 더 살았고, 그사이 참다못한 아내는 떠났다. 바깥 햇볕을 쬔 지 2년쯤 됐다. 그동안 대출금을 갚지 못해 신용 불량자가 되면서 채권자에게 집도 넘어갔다. 그는 지금 포르노를 편집해 근근이 용돈을 벌고 있다. '남들은 회사에서 차장을 하고 역량을 발휘할 나이에 난 왜 이 모양인가.' 그는 극단적 선택까지 간혹 떠올리곤 했다. 지금도 중독자의 비참한 쳇바퀴가 굴러간다.

누범자 300명 설문조사

김씨의 마약 인생은 대체로 마약류 사범의 현주소를 반영한다. 저자들은 2016년 하반기부터 1년간 마약 중독자의 재활을 지원하는 종교계 인사들의 도움을 받아 전국 교정 시설 20곳의 전과 3범 이상 누범자 300명을 상대로 설문조사를 진행했고, 271명(남성 266명, 여성 5명)의 응답지를 회수했다.

김씨처럼 '마약류를 처음 접한 나이'는 20대가 31.4퍼센트(261명 중 82명)으로 가장 많았다. 이어 10대가 25.6퍼센트(67명), 30대가 24.1퍼센트(63명), 40대가 16퍼센트(42명)이었고, 그다음 50대(6명), 60대(1명) 순이었다(10명 무응답).

응답한 재소자의 79.3퍼센트(215명)는 40대 이상이다. 오랜 세월에 걸쳐 투약 → 체포·수감 → 투약의 쳇바퀴 생활을 반복한 셈이다. 교정 시설을 반복해 드나든 전과 10범 마약 중독자인 김 모(52세) 씨는 쳇바퀴를 이렇게 설명했다.

"40대 이상이면 거의 다 3범 이상인데, 교정 시설 안에 있을 때는 끊을 생각을 하다가도 밖에 나가보면 남은 인맥도 경제력도 없어 무기력감에 빠지고, 결국 접하기 쉬운 마약에 습관적으로 손을 댄다."

그의 말대로, 마약 중독자들은 대부분 교정 시설을 나와서도 한 순간 방심하면 마약의 늪에 또 빠질 가능성이 높은 처지임을 인정했다. "마음만 먹으면 언제든 마약을 구할 수 있다"는 답이 절반(51.1퍼센트·응답한 266명 중 136명)을 넘었다. 확실한 주변 정리가 어렵고, 동네 선후배나 교정 시설 동료 등과 은밀한 관계망이 유지되고 있다는 얘기다. "위험부담이 크기는 해도 구할 수 있다"는 답도 19.9퍼센트(53명)에 달했다. 결국 마약 누범자여서 어떤 경로를 통해서든 마약을 구할 수 있다고 답한 응답자가 10명 중 7명에 달하는 셈이다. 반면 '구하기 어렵거나 불가능하다'는 답은 28.9퍼센트(77명)에 그쳤다.

사정이 이렇다 보니 이들은 '교정 시설을 나온 후 겪은 가장 힘든 점'으로 '재범 우려'를 가장 많이 꼽았다(46.7퍼센트·270명 중 126명). 둘 중 한 명꼴로 회전문 돌듯 다시 투약을 하고, 검경에게 체포돼 감방에 들어갈까 봐 두려워하고, 이러한 걱정은 곧바로 현실이 됐다. 악순환에 빠져 있는 처지다. 실제 2018년 마약류 전체 사범은 1만 2613명에 달했는데, 이중에서 재범자는 무려 36.6퍼센트를 차지한다. 최근 5년간 마약류 사범 재범률은 30퍼센트 후반대를 기록하고 있다. 그중 향정신성마약류 사범은 꾸준히 40퍼센트 재범률을 보이고 있다.

또 '교도소 출소자 죄명별 재복역률'(법무부 자료)에 따르면 2013년 실형을 산 마약 사범이 2016년 다시 수감된 비율은 무려 47.2퍼센트에 달했다. 절도(46퍼센트), 폭력(33퍼센트), 강도(21.6퍼센트) 등 각종 강력 범죄 가운데 가장 높은 재복역률이다. 더 나아가, 2016년 기준 마약류 범죄로 교도소에서 복역하다 출소한 후 다시 같은 마약류 범죄로 교정 시설에 입소하는 비율이 87.8퍼센트로 가장 높았다. 인신 구속 위주의 엄벌주의 정책으로는 마약 수요를 억제하는 데 근본적인 한계가 분명하다는 방증이다.

마약 중독과 도덕성 상실 사이의 인과관계

이들은 교정 시설을 나온 뒤 겪은 또 다른 큰 고통으로 '가족과 인간관계의 단절'(30퍼센트·81명)을 꼽았다. '사회적 냉대'와 '어려운 구직'도 각각 14.8퍼센트(40명)와 8.5퍼센트(23명)로 그다음 난관으로 인식됐다.

두 아이의 아버지인 김 모(38세) 씨는 관계 단절로 극심한 외로움을 호소했다. 그는 고등학교 2학년 때 친구가 건넨 진해 거담제인 '러미나'에 빠져 30대 중반까지 중독됐다. 처음에 12알씩 먹다가 나중에는 50알까지 삼키는 지경이 됐다. "직장에서 힘들어지니까 더 의존하게 됐다"는 그는 결혼 6개월 차에 집에 중독 사실을 털어놓았다가 가정 파탄에까지 이르렀다. 충격을 받고 "그만하라"는 아내의 경고에도 계속 약을 하다 걸린 그는 가정에서 설 자리를 잃었다.

"장모는 '이혼하라'고 하고, 친부모도 지쳐서 '눈에 보이지 마라'고 한다. 고등학교 때부터 약을 했으니 제대로 된 친구들마저 다

마약 중독자 설문(응답 270명, 괄호 안은 비율)
대상: 교정시설 20곳 3범이상 누범자 300명(271명 회수)
시기: 2016년 하반기부터 1년간

출소 뒤 주변에서 마약 구한다면

마음만 먹으면 언제라도   51.1% (136명)

위험부담이 크긴 해도 구할 수 있다 ······· 19.9 (53)

구하기 어렵다 ······························· 21.8 (58)

불가능하다 ······························ 7.2 (19)

출소 뒤 가장 힘들었던 점

재범의 우려   126명(46.7%)

가족과 인간관계 단절 ···························· 81(30.0)

사회적 냉대 ································· 40(14.8)

어려운 구직 ································· 23(8.5)

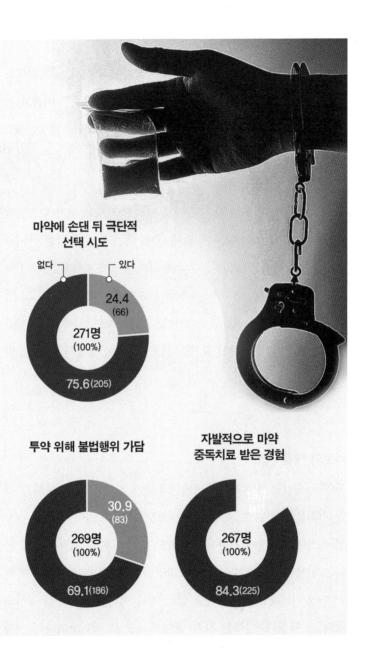

마약에 손댄 뒤 극단적
선택 시도

없다   있다

24.4
(66)

271명
(100%)

75.6(205)

투약 위해 불법행위 가담

30.9
(83)

269명
(100%)

69.1(186)

자발적으로 마약
중독치료 받은 경험

15.7
(42)

267명
(100%)

84.3(225)

떠났다."

약을 계속하는 와중에 이런저런 상실감이 누적되고, 그럼에도 약을 끊지 못한 극도의 자괴감과 좌절감에 휩싸여 생을 버리고 싶은 꿈을 꾸게 되는 것도 전형적인 패턴이다. 실제 4명 중 1명꼴로 (24.4퍼센트·응답한 271명 중 66명) '약에 손을 댄 이후 극단적 선택을 시도한 적 있다'고 답했다.

다만 대중들의 뿌리 깊은 편견과 달리 스스로를 이겨내지 못할 따름이지, 마약 중독과 나쁜 일에 손을 대는 도덕성 상실 사이에 직접적 인과관계는 없었다. '투약을 위해 불법에 가담한 적이 있느냐'는 물음에 10명 중 7명(69.1퍼센트·269명 중 186명)이 "없다"고 답했다. 한국형사정책연구원도 2012년 낸 연구보고서에서 "마약류 사범이 다른 범죄도 많이 저지른다는 주장은 신빙성이 없다"고 밝히기도 했다.

치료와 재활 기회

투약과 수감을 반복한 이들은 적극적인 치료를 받지 못하고 재활 기회를 좀처럼 갖지 못했던 것으로 보인다. 마약 중독자 속성상 스스로의 의지에 기대서는 효과를 보기 어렵고, 재범 위험이 높다는 점에서 더 그렇다. 실제로 10명 중 8명 이상(84.3퍼센트·267명 중 225명)이 "자발적으로 약물 중독 치료 서비스를 이용한 경험이 없다"고 답했다. 대부분 사회 내에서 스스로 치료받겠다는 생각을 해본 적이 없다는 얘기다. '비자발적인 약물 중독 치료 경험'은 92.6퍼센트(응답한 269명 중 249명)가 "없다"고 답했다. 마약 사범 치료(교육) 경험이 많은 한국마약퇴치운동본부 관계자는 상황을 이렇게 전했다.

"동일 전과가 많은 누범은 수사기관에서 교정 기관에 이르기까지 각 단계에서 치료받을 대상으로 선정되는 것 자체가 어렵다. 특히 교도소에서는 초범 등 소수만 완화 처우(S2) 수감자로 선택을 받고, 누범자는 이에 들지 못해 강화된 치료 교육을 받을 기회가 거의 없다."

반면 마약 수사를 두고는 79.6퍼센트(응답한 265명 중 211명)가 "부적절하다" "문제투성이"라고 했다. 교도소 수감 생활을 경험한 마약 중독자의 편견이 끼어들었을 것을 감안하더라도 "매우 적절하다" "적절하다"고 답한 비율은 20.4퍼센트에 그쳤다.

이는 수사기관의 실적주의도 영향을 미친 것으로 보인다. 실제로 누범자들은 검경이 마약 공급책과 '처벌 수위 거래'를 하면서 단순 투약자를 줄줄이 엮고, 수사 협조를 명분 삼아 판매자의 핵심 범죄사실을 빼주는 실적 수사에 매몰돼 있다는 인식이 강하다. 인터뷰에서 수십 명의 마약 누범자는 "마약 판매자가 자신의 고객을 무더기로 넘겨 단순 투약자보다 형량을 겨우 2~4개월 더 받는 경우가 비일비재하다"고 성토했다. 마약 사범인 조 모(53세·최근 재구속) 씨는 2017년 말 국회 앞에서 "판매자를 엄벌해달라"는 1인 시위를 벌이기도 했다. 수사기관과 한편인 정보원(속칭 '야당')을 통해 마약을 하도록 덫을 놓는 사실상 '미끼 수사'가 만연하다는 불만을 터뜨린 투약자도 더러 있었다.

마약 중독 임상 분야 전문가인 김낭희 박사는 이렇게 현 상황을 지적했다.

"지금처럼 투약과 투옥을 되풀이하게 하는 처벌 위주 대책보다는 사법 처리 과정에서 중독 치료와 함께 재활 출구를 열어줘야 끝도 없는 악순환이 완화될 수 있다."

생일 선물(중독자): "나는 초등학교 4학년 때 본드로 시작했어. 어떤 계기가 있었던 건 아니고, 이미 하던 친구들을 만나면서 같이 하게 됐어. 그러고 나서 열여섯, 열일곱 살 때 본격적으로 시작했지. 그때 한 약물이 러미나와 엑스정, 대마초 등이었어. 그러던 중에 1997년 생일 선물로 히로뽕을 받았다. 동네 선배가 생일 선물로 주사기를 주더라고.

지금도 말하면서 계속 생각이 나. 그걸 안 하면 살 수 없을 정도야. 그걸 안 하면 살아 있는 걸 못 느껴."

16. "무서워도 계속하는 게 중독"

이 모(45세) 씨는 군 복무를 마치고 집으로 돌아올 아들에게 자신의 과거를 고백할 계획이다. '엄마는 마약과 약물에 빠졌던 사람'이라고. 아들이 입대하기 전 털어놓으려 했지만 차마 입이 떨어지지 않았다. 수년 전 아들이 안방에서 자신의 마약범죄 사실이 낱낱이 적힌 공소장을 봤으리라 짐작한다. 모르는 척하는 아들에게 고마운 한편 미안한 마음이 든다.

이씨는 20대 초반에 아들을 낳고 산후 조리를 소홀히 해 2년 동안 몸을 가누기 어려울 정도로 고통스러운 나날을 보냈다. 그러던 중 친구가 통증이 줄어들 것이라며 건넨 '누바인'(염산 날부핀)을 복용했다. 마약의 구렁텅이에 빠진 순간이다. 누바인은 향정신성의약품이자 응급 환자용 진통제인데, 환각성도 있어 한때 필로폰 대용 약물로 쓰였다. 한번 누바인에 중독되자 "그게 없으면 벽을 '쾅쾅' 치고 방바닥을 구를 만큼 아파 견딜 수가 없었다". 3년 동안 그 약을 끼고 살다 결국 처방전 없이 누바인을 장기간 사용한 혐의로 법원에서 징역 8개월에 집행유예를 선고받았다.

약물 중독은 거기서 끝나지 않았다. 선고를 받고 보름쯤 됐을 때 이씨는 필로폰을 접하게 됐다. 이번에는 그 친구가 필로폰을 물에 타서 줬다. 이씨는 누바인인 줄 알고 먹었다고 항의했지만 그 일로 법정에 다시 서게 됐다. 결국 징역 8개월의 실형이 선고됐고, 이전 집행유예 형량까지 더해져 1년 4개월 동안 옥살이를 했다.

남편은 이씨가 누바인에 더해 필로폰까지 투약한 사실을 알고 격분했다. 수감된 아내를 보러 면회도 가지 않았다. 2002년 겨울 출소한 이씨에게 남편은 이혼 요구서를 들이밀었다. 이씨는 거부할 수 없었다. 그 후 집을 옮기고 연락처도 바꾸며 약을 끊기 위해 노력했고 보험설계사로 새로운 출발을 하려고 다짐했다.

그러다 길거리에서 우연히 지난날 약을 준 친구를 다시 만나게 됐다. 다시 한 번 나락으로 떨어지는 순간이다. 이씨에게 돈을 조금씩 빌려간 친구는 돈 대신 필로폰 주사기로 갚으려 했고, 2014년 9월 이씨는 유혹을 이겨내지 못하고 또다시 빨려들었다. 마약의 늪에서 벗어나려 노력한 10여 년 세월이 처참히 무너지는 순간이었다.

"세월이 그렇게 지났어도 그게 눈앞에 보이면 심장이 뛰었다. 몸의 기억은 강력했다."

김 모(51세) 씨도 투약과 참회를 반복하고 있다. 과거를 지우지 못해 매달리는 모습은 처절하기 그지없다. 1993년 비가 세차게 내

— 대마초를 종이에 말고 있는 투약자.

리는 날 새벽, 차를 몰고 나간 김씨는 경기 이천의 한 도로에서 큰 교통사고를 냈다. 당시 25세였던 그는 두 달이 지나고야 병원 중환자실에서 겨우 눈을 뜰 수 있었다. 가슴 밑으로는 몸이 전혀 움직여지지 않았다. 소변도 호스를 달아 빼냈고, 밥도 혼자 먹을 수가 없었다. 몸무게는 38킬로그램까지 빠졌다. 병실에 누워 있는 동안 팔뚝 혈관에는 주삿바늘이 하루에 서너 번씩 꽂혔다. 김씨는 믿기 힘든 현실을 직시하며 한없이 눈물을 흘렸다.

저자들은 스스로를 약물 의존자라고 밝힌 김씨를 2018년 1월 서울 지하철 9호선 선유도역 인근의 한 식당에서 만났다. 그는 사고 당시의 악몽을 떠올렸다.

"필로폰을 투약하고 환각에 빠진 상태에서 차를 거칠게 몰았어요. 속도 계기판 바늘이 튕겨 나갈 만큼 가속페달을 힘껏 밟았다고 합니다. 그렇게 빨리 내달리는지도 그때는 몰랐어요."

김씨는 여자 친구가 사는 서울 흑석동에서 마약을 하고 취한 상태에서 강원 원주의 집으로 돌아가는 길이었다. 사고 후유증으로 장애 3급 판정을 받은 김씨는 그 후 13년간 병원을 드나들며 고통스러운 재활 치료를 받았다. 김씨가 약에 빠진 계기는 이렇다.

"동네 선배가 부산에 사는 한 형을 소개해주었는데, 알고 보니 약 파는 사람이었어요. 처음에는 열 번 정도 공짜로 주더니 나중에는 '지금 물건이 없다. 돈이 좀 필요하다'라며 본격적으로 돈 내고 사라고 권했어요."

한창 때는 한 번에 무려 10그램(1회 투약량은 0.03그램)을 사두고 기분 내킬 때마다 나눠서 투약하기도 했다.

마약 탓에 죽음의 문턱까지 다녀왔는데도 김씨는 멀리하지 못했다. 교통사고가 난 뒤에도 투약한 혐의로 재판을 받고 징역을 사는 것을 네 차례나 반복했다. 약물 의존 증세가 심각했던 터라 멈출 수 없었다. 심지어 마약만은 손대지 말라고 당부한 아버지가 10년 전 세상을 등진 날에도 그랬다.

"이래서 약이 무서운 겁니다. 끊임없이 자기 합리화를 하게 만들어요. 슬프면 슬퍼서, 기쁘면 기뻐서 해야 한다고. 온갖 이유를 다 대면서 약을 하니까, 나중에는 끊겠다고 선언해도 가족들조차 기대하지 않게 됩니다."

그는 자신의 마약 의존성을 인정하고, 반년 전부터 약을 끊으려는 사람들 모임에 참여하면서 치료 의지를 키우고 있다.

"악마가 만든 약(필로폰)과 단절하고 미국의 누나 집에 가보고 싶어요. 거기서도 마약을 할 것 같다고 절대 오지 못하게 하지만…."

그 자신도 마약을 안 하겠다고 여러 번 다짐했지만 아직 확신할 수는 없다. 아들이 약에 빠질 때마다 부엌 식탁에 앉아 눈물을 훔치는 어머니의 뒷모습과 마약 사이에서 김씨는 또 흔들릴지 모른다.

기다려줘야 해(중독자): "마약 하는 이들이 늘 하는 말이 있어. 히로뽕의 끝은 자살이라고 해. 또 이런 말도 있어. 마약은 하나님이 주시는 가장 큰 형벌이라고. 히로뽕을 한번 꽂으면 그 순간 머리에 딱, 그냥 각인되는 거야. 끊는 거? 끊는 사람이 있을 것 같아? 10년간 안 했어도 히로뽕이라는 말만 들으면 똥 마렵고 몸이 먼저 반응해. 끊었다는 사람들 앞에 주사기 갖다 놓으면 무슨 일이 벌어질 것 같아? 미친 듯이 벌벌 떨면서 바로 주사기를 꽂을 거야. 끊을 수가 없어, 이건 절대로 끊는다는 말을 할 수가 없는 거야.

교회 목사님이나 집사님처럼 끊었다고 하는 사람들이 있지. 솔직히 말해, 그분들은 제대로 해본 사람들이 아냐. 제대로 했다면 그런 얘기를 못 해. 성령을 영접하면 한 번에 해결된다고? 얼마나 꿈같은 소리야. 히로뽕을 한 번에 끊는다는 게 말이 돼? 나도 하나님에게 의지하면서 살아. 그게 유일한 방법인 걸 알아. 그런데 히로뽕은 한 번에 끊을 수 있는 게 아니야. 나도 몇 번 재발했어. 요즘엔 땅콩(러미나)으로 버티고 있는데, 기다려줘야 해. 10년이고 20년이고 기다려줘야 해. 이건 평생이야. 절대 끝나지 않는 전쟁 같은 거야. 아주 지독한 저주고, 이 땅에서 받을 수 있는 최고의 저주지."

17. "식구에게는 절대 약을 주지 않아"

나(정진영, 41세 여성)는 고등학교 다닐 때는 노는 축에 끼었어요. 그때는 애들 사이에 본드가 유행했었어요. 열일곱 살 때는 땅콩이라 불리는 '루비킹'(러미나와 같은 진해제)을 했죠. 그때 학교를 그만두고는 대마초, 누바인, 이런 순서로 옮겨갔어요. 열아홉 살 때 뽕을 처음으로 했어요. 클럽에서 디제잉을 하는 사람을 알게 됐는데, 친하게 지내다가 그를 통해 히로뽕을 하게 됐어요. 나는 그게 사랑인 줄 알았는데, 좋아하는 사람이어서 약을 같이 한 건데…. 그 사람이 경찰에 잡히더니 내 이름을 불렀어요. 사랑해서 만나는데 그 사람 때문에 감방에 가게 된 거죠. 두세 달 만난 사이였는데, 그 기분은 말로 표현 못 하죠. 그 사람은 마약을 팔았어요. 자기 약 값을 벌려고 마약을 파는 사람이었어. 아마 그때 나 같은 여자가 또 있었을 거야. 나도 그중 한 명이었겠지. 그때는 사람을 너무 잘 믿었어. 그런 여자 중 한 명이었을 뿐인데….

밤일을 끊기 전에는 마약도 못 끊는다고 했어요. 평소에는 하지 말아야지 하다가도 술 마시면 쓸데없는 고집이 나와요. 한 번 하고 감방 다녀오면 되지, 이렇게 생각해요. 일이고 뭐고 그냥 맞으러 가는 거예요.

맞으러 갈 때는 집으로 가지 않고 주로 모텔로 가요. 판매하는 선을 다 갖고 있죠. 전화 한 통화만 하면 돼요. 처음에 모르는 사이일 때는 약 값도 비싸고 어렵게 사거든요. 서로 얼굴을 익히면 그 다음부터는 싸지죠. 가끔 공짜로도 받고, 나중에 고마우니까 선물도 주고. 그런데 이게 안 좋아요. 감방을 다녀왔다가 예전에 좋은 관계였던 사람을 다시 만나면, 그 사람이 권하면 또 하게 되거든.

마약 하는 사람들 특징이 있어요. 자기 식구에게는 절대 주지 않아요. 이미 자기 영혼이 망가진 걸 알고 있어요.

중독자는 한 번에 주사기 세 칸 맞아요. 판매책이 주사기를 배달해줘요. 주사기 하나에 1그램이거든요. 한 칸 정도 하면 초짜들보다는 많이 하는 거죠. 약이 좋으면 0.5그램 정도 하면 가는데. 처음 할 때는 0.1그램으로 시작해요. 20대 때는 0.1그램도 아닌 1그램을 하루에 다 썼어요. 지금 그 정도 하면 기절하더라고. 생활처럼 하는 사람은 규칙적으로 맞죠. 절반을 아침에 하고 나머지 절반은 저녁에 하는 식으로.

먹는 사람도 있어요. 몰랐는데, 먹으면 안 오는 줄 알았는데, 아는 오빠가 홍삼에 타서 주더라고, 그런데 먹으니까, 주사도 빠른 편인데 먹는 것도 그에 못지않아요, 금방 오더라고.

뽕 1그램이면 40~50만 원. 물건이 귀할 때는 호가가 70만 원까지 가기도 해요.

어렸을 때는 땅콩만 했었어요. 히로뽕을 처음 할 때는 재밌었어요. 그런데 처음 몇 초만 좋고 그다음에는 공포감이 들죠. 감방 가잖아. 감방에 두세 달만 갔다 와도 1년이 금방 없어져. 여자는 몸 망가지고 살찌고. 나는 최면요법을 받고 싶다고 엄마한테 말해요. 마약을 했던 기억을 머릿속에서 지우고 싶어요. 왜 그런 생각을 하냐면, 나는 마약을 하고 싶은 자신을 보면 자괴감이 들고 죽고 싶은 마음이 들 정도로 미운데, 내 몸이 기억해요. 머리가 기억하고 심장이 뛰고 그래요. 생각만으로. 내가 20분 뒤에 약을 하러 간다고 생각하면, 실제 하는 게 아니라 가지러 간다고 생각만 하는데도, 심장이 뛰고 배가 기억해. 똥 마렵고 초조하고 그래요.

약을 하면 사람들을 안 만나게 돼요. 소문이 나니까. 급격히 마른 내 모습을 보면 이상한 생각에 소문이 나고 이 말, 저 말 옮겨가죠. 그러다가 어느 순간에 형사들이 내 정보를 알게 되잖아. 그래서 사람을 만나는 대신, 2박 3일 동안 모텔에서 약 하면서 잠자지 않고 컴퓨터 게임을 하죠.

쾌락 때문에 마약을 한 게 아니에요. 고통스러운 현실에서 탈출구를 찾으려고, 멀리 벗어나고 기대고 싶은 마음에서 한 거지. 우리는 가진 것도 없고 상처가 너무 많아서 마약을 통해 돌파구를 찾으려 한 거예요. 어떤 쾌락이나 즐거움을 따라간 것이 아니라 상처가 많아서 그 돌파구를 찾으려 한 거예요. 우린 '아프니까 도와주세요, 살고 싶어요'예요.

스물한 살 때 1995년에 징역 10월 집행유예 2년 받았어요. 1996년 6월에는 구속돼서 7개월 받고 벌금 500만 원에 추징금 500만 원 받았고, 5년 후인 2001년에는 징역 8월에 집행유예 2년 받았어요. 2007년에는 징역 10월에 집행유예 2년, 2015년에는 징역 10월에 집행유예 2년, 보호관찰 2년 받았어요. 하도 실형을 살지 않으니까 주위에서는 "너, 야당이냐, 검사랑 무슨 선 있냐" 그렇게 말들 했죠.

본드에서 러미나까지(중독자): "저는 필로폰이 아니라 러미나를 했습니다. 중학교 2학년 때 본드와 가스 하는 친구랑 어울리다가 시작하게 됐어요. 고등학교 2학년 때 러미나를 처음 접하게 됐고 그것이 서른네 살까지 쭉 이어졌어요. 가스를 하다가 가스를 안 할 수 있었던 건 본드를 했기 때문이고, 본드를 안 할 수 있었던 건 알약을 알게 돼 안 할 수 있었던 거예요. 아무것도 안 한다는 건 없어요. 이전 것보다 더 강한 걸 할 때 끊어지는 거야. 점점 더 강한 걸로."

18. 투약 초짜가 감방서
마약 전문가 되는 이유

"여기 있다가 제가 마약 전문가가 되겠어요."

2018년 1월 수도권의 한 구치소, 항소심 재판을 맡은 변호사가 접견한 자리에서 박 모(49세) 씨는 수심에 젖은 얼굴로 이렇게 말했다. 세 살 된 딸에게 떳떳지 못한 아빠 꼴을 또 보일까 봐 두려웠으리라. '이러다 마약을 또 만질 것 같다.' 죄를 뉘우치며 갱생의 꿈을 키워나가야 할 교정 시설에서 무엇이 그를 아찔하게 만들었을까.

박씨가 실감하는 공포는 그가 구치소에서 산 파란색 표지의 노트에서 단서를 찾아볼 수 있었다. 노트에는 전문 분야별 마약 사범의 연락처가 빼곡했다. 구치소에서 형성된 일종의 '마약 인맥'이자 '마약 네트워크'였다.

현재 대한민국 구치소와 교도소가 '마약 사관학교'라는 오명을 뒤집어쓰고 있다. 호기심에 이끌려 마약류에 손댔다가 구속된 초범 투약자가 되레 마약을 손쉽게 구하는 방법을 익힌 '마약 전문가'가 돼 출소하는 아이러니가 이곳에서 빚어진다.

박씨도 초범이다. 자영업을 하는 그는 "힘들 때 살짝 하면 피로가 풀린다"는 지인의 권유에 겁 없이 필로폰에 손댔다가 2017년 10월 구치소에 갔다. 같은 방에 있던 마약 사범 십여 명이 신참인 박씨에게 몰려갔다. 저마다 연락처를 주고, 몇몇은 다른 마약 사범의 전화번호까지 줄줄 불러줬다. 며칠 만에 신참의 노트 석 장은 '마약 인맥'으로 꽉 찼다. 판매자와 알선자는 물론, 의리로 주겠다는 교부자, 중독자까지 무려 24명이나 된다.

박씨 노트에는 '신○○ 형님(3XXX)', 그리고 옆에 연락처가 적혀 있고, 그 아래 '향, 교, 대'라는 글자가 작게 쓰여 있었다. '김○○(3XXX)' 이름 밑엔 '향' '밀'이 적혀 있었다. 수감된 적이 있는 마약 중독자들에게 확인해보니, 이름 옆 괄호 안 숫자는 수감 번호, '향'은 필로폰 같은 향정신성의약품, '교'는 '교부', '대'는 대마라고 했다. '밀수'를 뜻하는 '밀'이 표시된 이름만 여섯 명이나 됐다. 한 마약 사범의 이름 아래에는 '코카인' '향'이 적혔고, 채팅앱 아이디까지 적혔다. 또 다른 마약 사범의 이름 옆에는 출소일로 보이는 '(2018. 3. ○)'이, 그 아래엔 이메일 주소와 '中國'이 쓰여 있다. 그 외 다른 사범의 이름 옆에는 '부천' '양재' 등 사는 곳이 적혔거나, 이미 출소했는지 수감 번호 없이 연락처만 적힌 메모도 있었다.

박씨는 "나가서 연락하고 보자"고 속삭이는 공책 속 이름들이 두렵다고 했다. 설령 투약 경험이 전무한 일반인이라 하더라도 그

— 초범은 감방에서 마약 인맥을 형성해 나온다.

런 연락처를 눈앞에 두면 어떻게든 호기심이 생길 것이다. 그들은 마약 인맥과 거래 장소에 대한 정보는 물론, 수사기관에 걸렸을 때 빠져나가는 노하우까지 일러줬다. 박씨 측은 이렇게 말했다.

"잘못을 변명할 생각은 없다. 다만 초범 투약자인데도 치료받을 기회를 주지 않고 곧바로 구속하는 것, 더 나아가 잔뼈가 굵은 마약 사범들과 한방에서 종일 마약 얘기만 하도록 내버려두는 건 가혹하다."

초범과 재범, 투약자와 판매자가 한방에

마약 사범은 교정 시설에서 '파란색' 수감 번호표를 가슴팍에 달게 되고 폭행범과 절도범 등 일반 사범과 구분돼 따로 수용된다(빨간

색은 사형수, 노란색은 5대 강력범과 주요 관찰 대상, 흰색은 미결수와 일반 사범). 일반 수감자까지 마약에 물드는 걸 막기 위한 교정 당국의 운영 원칙이다.

그런데 마약 사범끼리 한데 모아두니 수감 동료 간 끈끈한 정이 사회생활까지 이어지면서 '초짜' 투약자가 파멸의 길로 끌려가는 사례가 수두룩하다. 이 모(28세) 씨가 그렇다. 그녀는 스물한 살에 초범으로 구치소에 수감되어 마약 사범들과 두 달 남짓 생활했고, 출감할 때는 필로폰 중독자 신세가 되어 있었다.

"그때 구치소에만 안 들어갔어도…. 특히 여자 수감자는 구치소 안에서 워낙 소수라 판매자와 공급자, 투약자 구분이 더 없어요. 공범 분리만 될 뿐이지. 여덟 명이 한방을 썼는데 그들만 알아서 나오는 게 아니라 편지를 주고받다가 루트가 생겨요. 이 사람이 저 사람을 소개하는 식으로 판매책을 여럿 알게 돼 나오죠. 석 달 동안 지내면서 스무 명 알게 되는 수준. 한마디로 '범죄 양성소'죠. 나와서 그 사람을 만나면 또 다른 사람을 소개해주고."

여기서 한 가지, 수용 시설 안에서 초범과 재범, 판매자와 투약자가 구분되지 않고 한방을 쓴다는 문제가 있다. 교정 당국은 마약류 사범을 초범자와 재범자, 판매자와 투약자를 구분해 분리 수용하는 원칙에 따라 운영한다고 설명하지만, 현실은 어떤 식으로든 그들끼리 섞여 마약 네트워크가 형성되고 있다. 주로 판매를 하던 사람이 이번에는 투약으로 수감되기도 하고, 무엇보다 시설에서 방이 부족하기 때문이다.

또 수감자들 사이에 고착된 관계가 생기지 않도록 100일마다 감방을 옮기게 하는 속칭 '백일 전방'이 오히려 마약 사범 사이에 검은 교류를 더욱 확대한다는 지적도 나온다. 상선과의 접촉을 차단하기는커녕 판매자가 전국적인 배송망을 확보하도록 돕는 격이다. 박진실 변호사는 이렇게 지적했다.

"백일 전방을 거치는 동안 초범과 재범은 가는 방마다 그 세계 선배들을 잔뜩 만나고 판매선을 다 '따게' 된다. 오히려 공급선이 늘어나고 인맥이 더 넓어지는 것이다. 교정 당국이 나름 아이디어를 낸 것인데 마약 사범에게는 도움이 되지 않는다. 이때 알게 된 이들이 나중에 공범이 되고 상선이 되고 같이 투약하는 동반자가 된다. '출소하면 이런 인맥을 절대 만나지 말아야지' 하지만 그게 마음대로 되지 않는다. 다시 투약을 하고 그러다 수감되는 패턴이 반복된다. 마약 사범의 판결문 내용을 보면 공범은 대부분 같은 교도소에 수용됐던 사람이다."

일반인은 마약 판매책 하나도 알기 어려운데 구치소나 교도소를 다녀오면 이제 약을 구하기는 일도 아니게 된다. 이씨는 그렇게 망가진 신세를 고백했다.

"약을 처음 시작했을 때는 온갖 수소문 끝에 알게 된 판매자에게 시세보다 비싼 가격에 샀는데, 구치소를 다녀온 뒤에는 밖에서 다시 만난 감방 동료들이 공짜로 약을 많이 줬고 구입할 때도 훨씬 값이 싸졌어요."

마약 세계에서는 거래 가격에 사실 '위험수당'이 포함돼 있다. 검찰 자료에 따르면 필로폰 1회 투약량의 공식 가격은 10만 원이지만, 감방 동료 등으로 만나 믿음이 쌓인 사이에서는 10그램씩 되는 상당한 양도 시세의 절반 값에 거래되기도 한다.

이씨의 '마약 노트'에도 판매책과 상습 투약자의 이름이 다수 적혀 있었다. 그녀는 "노트에 적어둔 이들 중 지금도 잡히지 않은 판매책이 적어도 다섯 명은 된다"고도 했다. 공책을 없애지 않은 이유를 묻자, 이씨는 "발이 기억한다. 그들을 1년간 만나지 않아도 술에 취하면 굳이 공책을 볼 필요도 없이 어느새 약 주는 데 가 있었다"고 했다. 자신이 정신병원을 스물다섯 차례나 옮긴 것도 발이 기억하는 장소를 피해 이사를 그만큼 다녔기 때문이라고 했다.

전문가들은 이런 교정 시설의 현실이 마약 중독에 깊게 빠뜨리는 주요 원인 중 하나라고 지적한다. 한국마약퇴치운동본부에 20년간 몸담은 윤현준 박사는 "투약자를 특성에 따라 적절히 치료받게 하지 않고 바로 교도소로 보내는 것은 자기 파괴 방법을 가르치는 것이나 다를 바 없다"고 비판했다.

마약 사관학교(중독자): "단순 투약자는 구치소에 집어넣으면 안 돼. 거기가 사관학교야. 요만큼 알던 사람이 들어가면 몇 배를 배워서 나와. 안에 있던 판매상이 처음 들어오는 단순 투약 사범을 포섭하는 거야. 직업적으로 고객 관리를 하는 거지. 연락처를 받아놓

왔다가 출소하는 대로 서로 연락을 주고받아. 단순 투약 사범은 치료받게 해야지, 구치소에 집어넣으면 안 돼. 단순 투약 사범은 거의 집행유예를 받는데 구속되어 재판받는 동안 구치소에 30~40일 있다 보면, 마약에 대해 잘 모르던 이가 박사가 돼서 나와."

───────────

뽕 반입(중독자): "뽕을 교도소에 들여오는 방법이 있어. 영치품으로 반입할 때 편지봉투 양 끝에 발라두든지, 아니면 우표 뒤에 살짝 발라두고. 우리는 칫솔도 반입이 안 되는데 칫솔에 구멍을 뚫어 그 안에 넣어둔 것을 일반 사범에게 부탁해 가져오게 하고. 예전에는 수건에 약을 적셔 들여왔다가 다시 말려서 입에 물고 있었어."

19. "약간의 쾌락이라고 하기에"

나(이광호, 29세 남성)는 대마초로 잡혀서 처음엔 집행유예를 받았는데, 그 기간에 다시 피우다가 잡혀 구속됐어요. 감방에 들어가보니 말 그대로 학교더라고요. 마약 사범을 한곳에 모아놓으니까. 그전에는 대마초만 피워서 마약은 호기심조차 없었는데, 가서 직접 보고 듣게 되니까 호기심이 생기더라고요. 재판을 받고 나왔는데, 재판을 받는 7개월 동안 구치소에 있었어요. 거기서 필로폰을 알게 됐어요.

그때는 대마초는 마약이 아니라고 생각했죠. 미국에서는 사람들이 흔히 피운다고 하기에 거리낌이 없었어요. 필로폰에 대해선 원래 거부감이 컸어요. 그걸 하면 마약에 '쩐다'고 알고 있어서 무슨 일이 있어도 안 하려고 했죠. 구치소에 가보니까 대마초 사범은 없고 거의 필로폰 사범이었어요.

그 사람들 탓에 필로폰에 대해 알게 되고 호기심을 갖게 됐어요.

그냥 "약간의 쾌락이다"라고 얘기했어요. 호기심이 생긴 상태에서 사회로 나와 중고차 판매 일을 하고 살다가, 감방에서 제게 잘해준 사람이 있었는데, 그 사람을 밖에서 만나게 됐어요. 감방에 있을 때 전화번호를 주고받았었죠. 사회생활 잘하면서 당연히 대마초를 피우지 않고 있었는데, 소주 한잔 먹는 자리에서 그 사람이 먼저 이야기를 꺼내더라고요. "한번 해볼래?" 고민을 하다 하게 됐어요. 그렇게 시작했어요.

그 사람이 준 주사기로 필로폰을 처음 시작했어요. 그걸 여자 친구와 나눠서 같이 했어요. 그 뒤로 여덟 차례 그 사람이 주는 걸 받아서 계속 여자 친구와 나눠서 했어요.

구치소와 교도소에서 마약 사범끼리 모아두는 것 자체가 이해가 안 되고 위험한 일이에요. 초범인 경우 다른 나라에서처럼 초범끼리 따로 방을 쓰게 하든지, 아니, 그보다 우선 병원에서 치료를 받게 해줘야 합니다. 초범과 재범을 한곳에서 함께 생활하게 해서는 안 돼요. 제가 경험한 바로는 교도소는 정말 학교예요. 굳게 다짐을 하고 절대 배우지 말아야겠다고 마음먹어도 24시간 하루 종일 함께 생활하다 보니까 그 안에서 정이 들어요. 그 사람들을 사회에서 만나게 되면 다시 마약을 할 수밖에 없어요.

감방에 모여 있는 이들은 대부분 투약자이면서 판매자이기도 해요. 이 사람 저 사람 다 가두다 보니까 잡혀서 들어오면 다들 마약 영업을 하려고 해요. 밀반입, 판매자반 따로 있고 투약자반 따로 있는데, 투약자가 실질적으로 판매도 하니까 섞이는 거예요. 초범을 빼면 80퍼센트가 마약 팔러 오는 사람들이에요. 투약자도 약 값이 비싸다 보니까 판매도 같이 하거든요. 결코 약을 끊을 수 있는 환경이 아니에요.

저소득 계층에서 시작(중독자): "본드에서 시작해 가스로, 가스에서 알약(러미나)으로, 알약에서 대마로, 대마에서 필로폰으로. 이 순서를 밟으면 '엘리트'라고 해."

교도소 졸피뎀(중독자): "교도소에 있으면 수감자들끼리 졸피뎀을 주고받는 게 뻔히 보여. 알약을 갈아 가루로 만든 것을 코로 흡입하고 있어. '코킹'이라고 해. 처방전이 있어야 구할 수 있는데, 처방을 받고 먹지 않는 이들이 있어. 언론에서 한 번 보도해 논란이 됐는데 요즘도 여전해. 졸피뎀은 수면 유도제인데 중독성이 좀 센 편이다. 억제제 계열이라서 먹으면 편안히 잠을 자게 되지.

가족이 면회 올 때 약 처방전을 전해주고 약을 받고 하는데 그걸 자꾸 요청해요. 그 약을 먹으면 하루가 빨리 가니까. 갑자기 교도소 안에서 유행했던 건 아니고, 마약 사범이 안정을 취하기 위해 처방을 받아 복용한 것이 퍼지게 된 거지. 진료 신청을 하면 한 달에 한 번 정신과 진료를 받을 수 있어. 그때 환청과 환시, 불면증과 우울증, 분노 조절 장애를 호소하면 마약 사범에게 그 약을 처방해주지.

코로 흡인하면 뇌를 바로 때리니까 끊기 힘들어. 인간이 제일 끊기 힘든 약이 코카인이라고 하는데, 내가 보기엔 제일 불쌍한 이가 졸피뎀 중독자야. 의사 처방을 받아서 먹는 약이지만 금방 내성이 생길 정도로 중독이 강력하다. 갈망이 심한 것으로 치면 필로폰보다 더 세다.

보통 한 알씩 처방해주지만 의사에 따라 두 알까지도 주고. 원래는 정신과에서 주로 처방한 약이지만 나중에는 내과나 피부과에서도 처방하면서 남용자가 생긴 거지. 구치소 안에서는 수감자 70퍼센트 정도가 복용해. 너무 쉽게 구하는 것 아니냐고? 수용자 이름과 수용자 번호를 적어 약국에 가져가면 그 사람 앞으로 다 나와. 구치소와 연결된 약국이 있어요. 면회객이 약국과 구치소, 교도소 사이에서 '셔틀' 노릇을 하는 거지."

4부

치료를 거부하는 사회

20. 마약 수사 관행, 감형 거래

마약 투약은 피해자가 없는 범죄이므로 일반적인 마약 수사는 우선 정보원에게서 정보를 얻는 것에서 시작한다. 제보자에게서 자백이나 거래 정보를 확보해야 다음 수사를 나설 수 있는 것이 마약 수사관의 입장이다. 즉 투약자 한 명을 잡는 것에 그치지 않고 다른 투약자와 상선에 대한 정보를 얻는 일이 마찬가지로 중요해진다. 투약자의 휴대폰이나 인터넷 사용 기록을 추적해 판매자와 중간 판매자, 제조자까지 올라간다. 이때 마약류를 빨리 찾아내거나 사전에 유통을 차단하는 데 우선순위를 둔다. 제조 사범, 밀반입 사범, 유통·판매 사범, 상습 투약 사범 순서로 초점이 맞춰진다.

물론 이에 따라 수사기관 내부에서 실적도 달라진다. 그 때문에 수사기관과 범죄자 사이에 '감형 거래'가 일어나는 것이 실정이다. 제보가 있어야 적발하고 처벌할 수 있는 마약범죄의 특성이 감안되어 검찰에 협조한 피고인은 공적확인서(검찰에서 수사 협조를 했다고 판사에게 올리는 협조 공문)를 통해 감형되고, 종종 집행유예 처벌을 받기도 한다. 마약 사건을 담당하는 수사기관 관계자들은 사건의 특수성을 고려해야 한다는 취지로 말한다.

"마약 공급선은 워낙 적발하기 어렵다. 상선을 잡으려면 소지자나 투약자를 검거해 불도록 해야 하는 불가피한 측면이 있다. 아울러 투약자 입장에서도 약을 끊으려면 판매한 자를 실토해 접촉 가능성을 스스로 차단할 필요가 있는 것 아니냐."

'야당'과 공적확인서

수사기관이 판매책을 주요 정보원, 즉 '야당'으로 두고 수사하는 관행도 문제로 지적된다. 수사기관은 수면 위로 드러나지 않는 마약 범죄의 특성 탓에 상선의 정보 등을 수집하려면 어쩔 수 없다고 한다. 그러나 야당이 마약 사범에게 접근해 버젓이 돈을 받고 검찰의 공적서까지 만들어주는 행태가 조장된다면 문제는 달라진다. 투약자 최 모 씨는 이렇게 귀띔했다.

"일반 투약자는 수사에 협조하고 싶어도 아는 것이 별로 없다. 이때 수사기관과 결탁한 야당이 접근해 와서 수백만 원을 요구하며 다른 마약 사범의 정보를 거래하자고 제안한다."

실제 2014년 필로폰 유통 업자에게서 사건을 무마해달라는 청탁을 받은 검찰 수사관이 구속되는 등 수사기관과 마약 판매자 간의 유착이 드러나기도 했다. 또 치료보호 관리가 소홀한 틈을 타

— 2019년 1월 15일 서울지방경찰청 주차장에 대량의 필로폰 등 압수품이 놓여 있다. 대만 조폭, 일본 야쿠자, 한국 마약상 등 세 나라가 연루된 필로폰을 국내에 유통한 조직이 경찰에 붙잡혔다. 이들이 한국에 들여온 필로폰은 112킬로그램으로 그간 검찰과 경찰 등 수사기관과 관세 당국이 적발한 마약 중 최대 규모다. 사진 고영권

야당이 검찰에게 요청해 치료조건부 기소유예를 받은 뒤 병원에 두 달간 입원했다가 나오는 사례도 있다. 검찰은 정보원이 수사에 협조했다고 해서 무작정 봐주는 관행은 없다고 반박한다.

"마약 수사는 처음부터 공급자를 잡기 어렵기 때문에 아랫선에서부터 수사해야 하는 건 사실이다. 하지만 '상선을 잡는 데 도움이 될 것 같지 않으면 아예 마약 사범에게 협조를 받지 마라'고 지침을 내리고 있다."

그런데 수사를 많이 받았던 마약 사범들은 검찰의 설명이 사실과 다르다고 주장하고 있다. 마약 수사를 둘러싸고 수사기관에 대

20. 마약 수사 관행, 감형 거래

한 불신이 큰 것으로 나타났다.

실적 쌓기와 수사협조확인서

또 2018년 서울 일선 경찰서에서는 경찰들이 마약 사건을 수사하면서 '수사협조확인서'를 허위 작성한 사실이 알려져 사회적으로 물의를 빚은 바 있다. 통상 마약범죄 양형 기준에 따라 수사에 협조한 이는 감형을 받게 되는데, 경찰이 확인서에 실제 제보자가 아닌 다른 이의 이름을 적은 것이다. 제보자가 경찰에 요청해 확인서에 다른 사람의 이름을 올리게 하고 그 대가로 그 사람에게서 돈을 받는 '감형 거래'가 이뤄진 것이 밝혀졌다.

그 후 검경 조사관의 개인 명의로 작성하던 '수사협조확인서'와 '공적확인서'를 기관장의 내부 결제를 거쳐 법원에 제출하는 식으로 개선되고 있다.

또 수사기관이 마약 사범을 무작정 잡아넣어 실적을 쌓기에 몰두하면 자연히 치료와 재활은 뒷전이 된다. 2016년 7월쯤 마약 중독자를 치료하는 수도권 지정 병원에 경찰이 들이닥쳤다. 압수수색 영장을 보여주며 한 환자의 소변검사, 치료·상담 기록을 받아갔다. 병원과 환자 가족은 패닉 상태에 빠졌다. 의료계와 법조계 관계자에 따르면, 그 환자 가족은 미국에서 약에 빠진 자식에게 약을 주곤 했던 외국인이 마약을 갖고 국내에 들어온다는 소식을 듣고 "그자가 있으면 우리 애가 안전하지 못하다"며 수사기관에 알렸다.

마약을 반입한 외국인이 실제 검거되어 가족은 안도했다. 그런데 수사기관이 역으로 치료 중인 환자도 처벌하겠다며 의료 기록을 다 받아 간 것이다. 병원 의료진은 "환자도 벌금형을 받고 추방 위기에 놓였다"고 했다. 해당 병원장은 경찰에 재고를 요청했다.

"법원이 발부한 영장이 제시돼 어쩔 수 없이 환자 기록을 내줬지만, 상선을 잡고 나서 하선까지 잡겠다며 환자 개개인의 기록을 다 가져간 일이 알려지면 환자들이 겁을 먹고 치료를 더욱 꺼리게 된다. 병원이 마약 환자를 보고할 의무에 관한 법 조항이 삭제된 게 2000년 7월의 일이다. 아직도 이런 취지에 배치되는 일이 더러 일어난다. 수사기관과 법원이 좀 더 숙고하기를 바란다."

판매책은 투약자 이름 불고 감형받아

"마약을 파는 사람이 더 엄한 처벌을 받아야 하는 거 아닌가요? 그들은 잡히면 자신에게 마약을 구입한 이들 이름을 다 불어요. 그러면 수사에 도움을 줬다는 이유로 공적서가 올라가고 감형됩니다."

필로폰을 투약한 혐의로 교도소에서 4년간 복역한 최 모 씨는 마약 수사와 재판 과정에서 판매책이 수사에 협조했다는 이유로 감형되고, 심지어 단순 투약자보다 약한 처벌을 받는 사실에 분개했다. 대법원이 만든 '양형 기준'에 따르면 '중요한 수사 협조'는 감경 사유가 된다고 명시돼 있다. 하지만 전문가들은 이러한 관행이 도리어 마약범죄를 부추기고 예방을 어렵게 한다고 우려한다. 수

— 싱가포르 법은 15그램 이상 헤로인을 소지한 사람은 사형에 처한다고 규정하고 있다. 싱가포르 입국시 방문자들이 작성하는 입국 서류.

사에 정보를 제공했다는 이유로 죄질이 나쁜 판매책의 형량을 감형하면, 오히려 단순 투약자가 판매책이 되어 나설 가능성이 생긴다는 것이다.

단순히 투약만 하다가 나중에는 판매에까지 나섰다는 장 모 (61세) 씨는 이렇게 전했다.

"마약 사범들이 교도소에 모이면 '판매책이나 단순 투약자나 처벌에 큰 차이가 없으니 마약을 팔아서 돈이라도 벌자'는 얘기를 많이 한다."

2017년 필로폰을 판매하고 투약한 혐의로 기소된 A씨(51세)의 경우 징역 1년에 집행유예 2년을 선고받고 풀려났다. 그는 이번 재판 전까지 동종 범죄로 여섯 차례나 처벌받은 적이 있는 상습 판매자이자 투약자다. 하지만 법원은 '중요한 수사에 협조한 점'을 인정해 형 집행을 유예했다. 이와 달리 단순 투약 혐의로 기소된 B씨(49세)는 실형을 피하지 못했다. 판매한 혐의에 대해선 무죄를 받았지만, 상습으로 투약한 혐의가 인정돼 2017년 징역 1년 형을 받았다. "자신이 유통했는데도 그 마약을 투약한 사람을 제보하고 감형을 받는다는 건 문제가 있다"는 지적이 끊이지 않지만, 수사와 재판 과정에서 반영되지 않는 게 현실이다.

함정수사와 '국술'(중독자): "경찰에 잡혀도 투약자 이름 셋만 불면 풀려날 수 있었다. 이른바 '딜'이 들어온다. '마약 하는 사람 셋만 이름을 대면 최대한 편의를 봐주겠다는 것.' 그렇게 이름을 불면 바로 내보내주었다. 서로가 서로를 일러바치는 구조. 그래서 이 판에선 기본적으로 의리라는 게 없다.

마약 수사는 함정수사가 기본이다. 투약자는 그러는 일이 드문데, 판매자는 바로 하선을 간다. 자기가 마약을 판 사람 열 명의 이름을 불고 그들을 잡아들일 수 있게 도와주는 대가로 감형을 받는다. 그래서 판매자가 투약자보다 오히려 형량을 적게 받는 경우가 허다하다. 말이 안 되는 일이다.

'여당'과 '야당'이라는 호칭도 일러바치기가 만연한 이런 판에서 나왔다. 야당은 체포되어 구속되면 바로 검찰에서 자신에게 마약을 사간 이들의 이름을 불어버리는 이를 말한다. 내 편이 아니라 검찰에 붙은 사람이라 그렇게 부른다. 여당은 내 편, 야당은 검찰 편이다.

그럴 때 투약자 이름을 한 명당 300~500만 원에 파는 이들이 생긴다. 마약 사범으로 검거되면 그걸 사서 검찰에 건네주는 것으로 검찰에게 배려를 구하는 방식이다. 만약 조직 '식구' 중에 진짜 신경을 써야 할 사람이 잡히면, 그때는 투약하는 이가 아니라 밀반입 하는 이의 소재를 넘긴다. 물론 전문적인 밀반입 업자가 아니라, 임시로 밀반입을 부탁받은 '지게꾼'이다. 공항에서 입국 심사를 받는 중에 '내가 허용량이 초과돼서 그런데 쇼핑백 하나만 세관 통과하게 해주시죠. 500만 원 드릴게' 하고 부탁하면, 많은 이들이 지게꾼으로 나선다. 그래 놓고 일정을 미리 검찰에 일러바치는 것이다. 그런 식으로 밀수업자의 신상을 넘겨주었으니 자기 '식구'를 챙겨달라고 거래를 한다. 무고한 사람만 돈벌이 삼아 나섰다가 2년 6개월 동안 감방 신세를 지는 일이 벌어진다.

이런 식의 함정수사를 '국술'이라 부른다. '국'은 나라 국國 자이고, '술'은 마약을 뜻한다. 마약을 풀어놓고 누가 걸려드는지 보자는 식의 수사 방식이다."

좋은 손님(중독자): "마약은 있지. 돈 있으면 사고 날 일이 없어. 예컨대 판매자가 1그램에 100원에 파는데, 나는 200원을 준다고 쳐.

좋은 손님이야. 판매자 입장에서는 좋은 고객은 무조건 보호해줘. 어쩌다가 사고가 나도 수임료 비싼 변호사를 쓰면 감옥에 갈 일 없어. 절대로 마약은 돈 있고 힘 있을 때는 사고가 나지 않아.

　마약은 나 혼자 사고 쳐서 잡혀가는 경우가 없어. 누가 찔러서, 밀고해서 잡혀가는 거지. 마약 하는 판에는 '야당'이 많아. 자기가 살기 위해서 수사관 쪽에 붙어 밀고하는 자들이지. 판매상이 구속되면 검찰 앞에서 필요하면 몇 명 이름을 찔러주면서 다 불어. 그럴 때도 좋은 손님은 보호하는 거야. 좋은 손님의 이름은 검찰에게 불지 않고 자기 조직에 넘겨줘. 내가 그런 손님이었어."

21. 범죄자와 환자 사이

"(마약류 투약 때문에) 모든 걸 다 잃고 다시 일어서려 했지. 내 힘으로는 어떻게 할 수가 없었어. 그래서 넘어지고 또 넘어지며, 4년이라는 시간 동안 감방에서 살다가 나왔어. 마음속으로 이겨낼 결심을 해도 내 힘으로는 안 돼."(13년간 투약하고 8년 6개월 징역)

"의지로 쉽게 끊을 수 있다고 생각했어요. 그런데 약이 의지로 끊어지는 건 아니에요. 약을 해본 사람이면 다 알죠. 병원에도 가보고, 쉼터에도 가보고, 정신과 의사한테 상담도 받는 등 별의별 짓을 다 해봐도 끊을 수 없는 게 약이에요. 절대 의지대로 되지 않아요."
(향정신성의약품 17년간 투약)

마약류 의존자 대부분은 투약과 형사처벌이 반복되는 악순환의 고리를 끊겠다는 '단약' 의지가 강했다. 마약류의 유혹 앞에서 무너져 내린 경험을 토로하며 재활하는 데 도움을 받고 싶다고 하소연했다. 전문가들은 "국가는 판매나 유통에 가담한 범죄자 외에 단순 마약류 경험자는 치료받아야 할 환자로 인식하고 그들을 치료하는 데 지원을 늘려야 한다"고 입을 모은다.

치료보호와 '치료조건부 기소유예', 치료감호

우리나라 법령에는 이들에 대한 지원과 국가의 책임이 규정돼 있다. 마약류관리법 제2조의2 1항엔 "국가와 지방자치단체는 국민이 마약류 등을 남용하는 것을 예방하고, 마약류 중독자에 대한 치료보호와 사회 복귀 촉진을 위해 연구·조사 등 필요한 조치를 해야 한다"고 나와 있다. 이에 따라 다양한 관련 제도를 실시하고 있지만 아직 걸음마 수준에 불과하다. 현재 마약 사범들에게는 중독의 특수성을 고려한 실효성 있는 치료·재활의 길이 막혀 있다.

검사는 마약류 초범이나 자수를 한 사범에 대해 '치료조건부 기소유예' 처분을 할 수 있는데 2017년 전국 22개 치료보호 지정 병원에서 치료받도록 조치된 '치료보호' 대상은 330명에 불과했다. 그중 사범이 자의로 치료보호를 요청한 경우를 빼고 검찰이 입원이나 외래 치료를 의뢰한 것은 13명이었다. 근래 5년간 들어 가장 적은 수였다. 치료를 받게 하면 2개월 단위로 최대 12개월까지 입원하는 동안 지켜봐야 하므로 업무를 줄이는 차원에서 이런 기소유예를 꺼리는 것으로 알려졌다. 대신 간단히 40시간 교육을 받게 하는 '교육이수조건부 기소유예'로 처분을 돌린다. 즉 마약 사범을 환자로 보지 않는 것이다.

반면 한국마약퇴치운동본부(1992년에 설립된 비영리 민간단체)의 치료·재활 교육을 받는 조건으로 검찰이 기소유예 결정한 교육이수 조건부 기소유예 대상자는 2017년 722명으로 늘어났다. 하지만 한국마약퇴치운동본부의 인력이 부족한 까닭에 교육이 적기에 이뤄지지 않고 계속 이월되고 있다. 강제력이 없기 때문에 대상자들은 당장 교육에 나오지 않고 미루다가 본부 측이 검찰에 통보서를 보낸다고 다그쳐야 그때서야 나온다. 교육은 단지 마약류 중독이라는 것이 무엇이고 자신이 어떤 중독 단계에 있는지를 알려주고, 무료 치료를 받을 수 있는 과정을 안내하는 입문 수준에 그친다.

범정부 마약류 대책의 주무 부처인 식품의약품안전처 마약정책과의 관계자는 "(한국마약퇴치운동본부에서) 교육 미이수자가 계속 쌓여 다음해로 이월되는 것은 교육할 직원과 강사 수가 부족하기 때문이다. 결국 예산 문제다. 중독자별로 특성을 고려한 교육을 해야 하는데 그럴 여건이 안 된다. 단순 교육으로 운영될 수밖에 없는 상황"이라고 설명했다.

검찰이 조건부로 기소유예를 해놓고 교육이나 치료가 제대로 이행되고 있는지 사후 관리를 하지 않는다는 지적이 의료계와 법조계에서 나오기도 한다. 그러나 치료보호를 보냈으면 병원이 관리해야 하는 것이 아니냐는 게 검찰의 생각이다. 일부 검사들은 "수사기관이 사후 관리까지 하는 기관은 아니지 않느냐"며 체계적으로 마약 사범을 사후 관리할 별도의 전문 기관을 신설해야 한다

— 한국의 마약 사범 치료보호는 걸음마 수준에 불과하다.

고 말한다.

마약 사범에 형 선고를 내리며 부과하는 '치료감호'도 근래 해마다 25~35건에 그치는 수준이다. 그것도 2017년에는 치료감호 대상자가 16명(모두 향정신성의약품 사범)으로 줄었다. 치료감호는 검사의 청구에 따라 법원이 치료감호소의 '약물중독 재활센터'에 수용되어 치료를 받도록 선고하는 보호처분이다. 마약 사범들은 수사기관이 치료 필요성이 아니라 수사 협조 여부를 기준 삼아 치료감호를 선택하고 있다고 주장한다. 또 '야당'만 치료보호 조치를 받는 것 아니냐고 하소연한다. 이 때문에 판사가 직권으로 치료감호를 결정하는 내용의 법 개정이 필요하다는 의견이 여러 법조인에게서 나온다.

21. 범죄자와 환자 사이

교정 시설에서도 치료 개입은 거의 없는 실정이다. 특히 초범이 아닌 마약 사범은 더욱 치료받고 교육받을 기회가 없다. 2016년 지정 교도소 8곳 안에서 치료와 교육을 받은 사람은 700여 명이었다. 2016년 마약류 사범 수가 1만 4214명인 것을 감안하면 10퍼센트도 채 안 되는 소수만 지원을 받은 셈이다.

그나마 고무적인 건 법무부가 2019년 4월부터 교정기관 내에 심리치료과를 신설해 마약류 사범에 대한 심리 치료를 강화한다는 점이다. 전국 52개 교도소·구치소에서 매달 한 차례(2시간) 이뤄지던 교육은 매달 여덟 차례(16시간)로 늘어난다. 현재 심리치료센터가 설치된 교정기관은 12곳에 불과하다.

2017년 1월 중독 사범 전담 치료 특성화 기관으로 지정된 전북 군산심리치료센터는 중독자들이 마약류 등의 유혹을 이겨내고 생활인으로 사회에 복귀할 수 있도록 이끄는 '치료 공동체' 시스템을 도입 운영하고 있다. 전국 교정 당국 직원 중 131명은 한국중독심리학회와 협력해 교정 시설 내 중독 사범을 특별 관리할 수 있도록 중독심리사 자격증을 땄다.

다만 심리치료과 관련 2018년 예산이 10억 779만 원에 불과한 데다 이것이 마약류 중독 전용이 아니라 다양한 범죄자들에 대한 심리 치료에 쓰이는 상황이라 턱없이 부족한 실정이다.

천영훈 인천참사랑병원장은 이렇게 지적했다.

"마약류 중독자를 처벌 대상인 범법자로 보는 일반적 시각 탓에 치료와 재활에 예산을 투입하는 것에 정부가 인색한 것 같다. 중독자들이 우리 사회의 일원으로 다시 자리 잡을 수 있도록 지원해야 한다.”

일반인과 분리할 것(중독자): “예전에 재판받는 중에 판사가 검사한 테 물어본 말이 기억난다. 중독자를 이렇게 처벌하는 게 최선이냐고 묻는데, 그때 검사가 한 얘기가 있다. 나라 예산이 한정돼 있어 일반인과 분리하는 것이 최선이다, 투약자를 그냥 놔두면 다른 사람에게 옮겨 간다, 그래서 구속 수감해서 사회에서 분리하는 것이다, 지금 예산 편성에서는 그것이 제일 효율적인 방법이다고.”

통계 자료조차 없다(회복자): “예전에 정부에서 중독 관련 단체들을 모아놓고 회의를 한 적이 있다. 알코올, 도박, 게임, 마약 이렇게 4개 분야 중독 관련 단체가 모였다. 마약 단체 측 대표로 ‘소망을 나누는 사람들’에서 나갔다. 다들 할 말이 많았는데 특히 도박 중독 단체가 도박은 나라에서 책임을 져야 한다고 하더라고. 정선 카지노에 일반인이 출입하도록 허가해놓았으니 책임도 지라는 말. 알코올 중독 단체도 정부가 규제도 관리도 제대로 하지 않아 중독자를 양산한다고 목소리를 높였다.

내가 한마디 했다. 도박 중독자가 자살한 경우 통계 하나는 제대로 나오지 않느냐, 그런데 마약을 하다가 죽은 사람은 정부가 통계

자체를 내본 적이 있느냐고. 분명히 주위에는 마약을 한 사람치고 자살 기도를 안 해본 사람이 없는데, 마약으로 자살했다는 사람 소식을 뉴스에서 본 적이 있느냐고. 마약에 대한 제대로 된 통계조차 없을 정도로 정부는 마약 치료에 소극적이다. 그리고 알코올 중독도 그렇다. 알코올 중독 환자는 얼마든지 병원에서 치료를 받지만, 마약 중독자는 치료를 받고 싶어도 병원에서 거부한다."

22. "기소하기 전 치료 프로그램 작동해야"
_ 박진실 변호사 인터뷰

일본이 우리나라보다 마약 사범에 대한 처벌이 훨씬 엄한데, 피고가 중독 치료를 받고 싶다고 하면 재판부는 보석해서 민간 치료 기관에 보내줘요. 치료받을 기회를 줍니다. 민간단체는 두세 달 치료와 교육을 진행하는 동안 매일 보고서를 써서 재판부에 올려요. 사범이 재활 의지가 있는지를 점검한 보고서죠. 마약 사범으로선 이때가 마약 세계와 단절할 수 있는 유일한 기회예요. 재판부는 민간단체가 올린 보고서를 감안해 형량을 줄여주기도 하죠.

재활 프로그램과 마약법원

현재 우리나라는 마약 사범의 경우 가석방돼 풀려나는 일이 거의 없어요. 그러다 보니 복역하는 동안 동기 부여가 안 되는 거예요. 일테면 외국의 '하프웨이 하우스halfway house'처럼 교도소와 사회

사이에 중간 지대 역할을 할 곳을 만들어서 사회 적응을 도울 필요가 있어요. 수감자 중 재활 의지를 보이는 이를 그곳에 보내 치료를 받고 재활 교육까지 받게 하는 거죠.

마약 사범이 출소하면 어떻게 되냐고요. 그 세계에서 선배는 후배에게 용돈을 주는 대신 마약을 줘요. "팔아서 생활비에 보태라." 누가 마약을 구해달라고 연락이 오면 만나서 전해주고 몇십만 원을 챙겨요. 그렇게 몇 번 알선과 판매를 하다 보면 노동하지 않아도 먹고살 수 있거든요. 사회와 단절된 환경 속에서 악순환이 반복되는 거예요. 그러다 보니 마약 사범의 재범률이 40퍼센트 가까이 될 수밖에 없어요.

그래서 기존 관계들과 격리된 곳에서 치료와 재활을 받을 기회를 줘야 해요. 미국의 경우 검찰이 기소하기 전 판사와 변호사가 만나서 마약 사범이 재활 프로그램에 참여할 의지가 있는지 확인하는 절차를 거쳐요. 성실히 직장에 다니면서 매일 저녁 집에 귀가했는지 확인받고, 정기적으로 소변검사를 받게 하는 식이에요. 기소 전 단계에서 협상을 하는 거예요. 그렇게 정상적인 사회생활을 할 기회를 줘요, 검거했다고 바로 구속하는 게 아니라.

마약 중독의 경우 재발도 넓은 의미에서 치료 과정에 속하거든요. 마약이라는 게 한 번에 안 한다고 해서 끊을 수 있는 게 아니잖아요. 우리나라에선 한 번 이상 투약하다 검거되면 재판 단계에서 더 이상 기회가 주어지지 않는데, 미국은 한 번 더 기회를 줘요. 이번엔 소변검사를 받는 기간을 일주일에서 사흘 주기로 당기고, 프로그램 기간도 6개월 늘리는 식으로 마음을 다잡을 기회를 줘요. 그렇게 마약 사범을 치료와 재활 쪽으로 유도하는 곳이 마약법원 drug court이에요. 마약을 끊고 치료를 받는 이에겐 건강보험이 적용돼요. 물론 이 프로그램을 이수하면 불기소 처분을 받게 되고요.

마약 사범에 대한 국민들의 반응이 너무 차갑다 보니 그들로서는 자신을 떳떳이 드러낼 수가 없어요. 국민은 마약 사범을 치료하고 교육하는 데 예산을 들인다는 것을 받아들이지 못해요. "의지가 약한 이들에게 왜 돈을 써? 더 못살고 어려운 처지에 있는 사람이 얼마나 많은데. 자신만 정신 차리면 약을 안 할 수 있을 텐데 왜 그런 곳에 돈을 써?" 이런 생각이 잘못된 거죠. 한번 중독되면 이건 병이란 말이에요. 인식을 바꿔야 해요. 언론은 마약 사범을 사회와 동떨어진 사람으로 묘사하는데, 마약 사범 혼자의 문제가 아니라 바로 옆에 있는 이웃의 문제가 될 수 있어요.

한 해 검거된 마약 사범 수가 1만 4000명 선이지만 암수 범죄인 것을 감안하면 엄청난 수의 투약자가 숨어 있는 겁니다. 우리 자식이, 부모도 모르는 사이에 약을 할지도 모른다고 하면, 우리가 치료와 재활 쪽에 힘을 안 쓰겠느냐는 거예요. 마약 사범을 처벌할 때 양형을 높이는 방식은 풍선 효과를 불러올 뿐이에요. 한쪽을 누르면 다른 쪽이 부풀 수밖에 없어요. 잠깐은 효과가 있을지 몰라도 언젠가 반드시 부작용이 나타나요. 마약이 어떻게 근절되지 않고 그 오랜 세월 이어져왔겠어요.

22. "기소하기 전 치료 프로그램 작동해야"

얼마 전에 검찰에서 만든 치료보호 기준을 받아본 적이 있어요. 우리나라는 치료보호를 받은 마약 사범에 대한 재범률 통계조차 내지 않아요. 대검찰청이 해마다 펴내는 '마약류 범죄백서'에 그런 통계는 없어요. 마약 재범 관련 통계는 이종 재범인지 동종 재범인지, 즉 대마를 하다가 필로폰까지 했는지, 대마만 했는지 정도에서 그칩니다. 이런 마당에 우리도 마약법원을 설치해야 한다는 논의는 설 자리가 없어요.

23. 병원은 약물 환자 받지 않는다

2016년 3월 15일 새벽, 필로폰을 투약한 정 모(54세) 씨가 서울 정릉동 동네 상가에서 환각 증상을 보였다. 신고를 받은 경찰은 정씨 모친에게 연락하고 119 구급대와 함께 정씨를 인근 병원으로 데려갔다. 하지만 병원은 "약물 환자는 받을 수 없다"고 거부했다. 정씨는 결국 치료받지 못한 채 다시 교도소로 가게 됐다. 병원이 받아줬으면 실형을 면할 수 있었을 것이다. 마약 전과 10범인 정씨에게 무의미한 옥살이(징역 1년 6개월)만 더해진 셈이다. 30년간 반복된 아들의 중독을 감당해온 노모는 병원이 치료를 거부하는 것을 보고 마음에 큰 상처를 입었다.

7~8년째 필로폰 중독에 신음하는 이 모(28세) 씨도 2017년 6월 맨 정신에 수도권 한 지정 병원을 스스로 찾아가 입원하고 싶다고 호소했다가 거절당했다. 의사에게 모든 사정을 털어놓고 상담에 솔직한 자세로 임했는데도 거절당하면 죽고 싶은 마음밖에 들지

2016년 3월 15일 성북경찰서 ▊▊ 파출소

신고 출동결과 내역

○ 접수일시 : 2016. 3. 15. 01:40
○ 발생장소 : 성북구 정릉 ▊▊▊▊ 아파트 상가 내
○ 신고내용 : 상가 내 이상한 행동을 하는 사람이 있다며
○ 출동결과 : 대상자 모친에게 연락하여 119구급대와 ▊▊
　　　　　　▊▊ 병원으로 인계하기 위해 동행하였으나
　　　　　　당 병원에서 알콜/약물 관련 환자는 받을 수
　　　　　　없다고 하면서 거부하여 파출소로 복귀한
　　　　　　후 강력팀에 마약테스트 요청함

○ 출동경찰관 : ▊▊▊▊▊

— 마약 중독자 치료를 거부하는 서울의 한 마약류 중독 치료보호 지정 병원. 사진 마약류 의존자 정씨

않는다고 했다. 그동안 여러 병원을 전전하면서 관계자들에게 "다시는 찾아오지 말라"는 말을 수도 없이 들었다. 그들에게 정신병자 취급을 받는 일은 약과였다. 병원은 "다른 병원에 가라" "담당자가 부재중이라 전화 연결이 어렵다" "병상이 없다"는 말을 반복하며 대놓고 거절했다. 그럴 때마다 이씨는 약을 끊기 힘들어 아예 해가 뜨면 산에 올라가 머물러야 했다. 그녀는 결국 입원을 허락하는 병원을 찾지 못했고, 반복된 문전박대에 상처를 받은 마음을 달래려 술을 마시다 알코올 중독에까지 빠졌다.

치료보호 제도는 국가가 마약류 중독자를 치료가 필요한 환자로 인식해 치료를 지원하는 제도다. 이를 위해 우선 보건복지부는 마약류 중독 치료보호 기관을 지정해 행여나 생길 수 있는 중독자 치료 거부 사태를 막고 있다. 그런데 지정 기관조차 중독자 치료를 거부하고 있다. 2017년 전국 22곳 지정 치료보호 기관 중 중독자를 거부하지 않고 받은 병원은 사실상 두세 곳뿐이었다. 2017년 치료보호 330건 중 강남을지병원(206건)과 국립부곡병원(81건) 두 곳이 무려 87퍼센트를 맡았다. 나머지 20곳 병원이 43건을 맡았을 뿐이다. 그마저도 한국마약퇴치운동본부 등의 요청을 받아 마지못해 환자를 받은 경우인 것으로 알려졌다. 치료보호 기관은 2019년 2월 기준으로 26곳이니 2017년에 비해 병원이 4곳 늘었다.

정부가 허울뿐인 지정 병원 수만 유지하며 치료보호 제도를 유명무실화하는 사이 병원 문을 두드린 마약 중독자들은 병원 문턱을 넘지 못하고 극심한 좌절감에 빠져 있다. 병원이 마약 중독 환자를 꺼리는 데는 몇 가지 사정이 있다.

우선 정부 지원 예산이 턱없이 부족해 약물 중독 환자를 치료할수록 병원에 재정 부담이 커진다는 점이다. 약물 중독자는 마약류관리법과 '마약류중독자 치료보호규정'(검찰이 기소유예부로 의뢰한 마약 사범, 자의로 치료보호를 신청한 사람이 대상)에 따라 최대 1년간 전액 무료로 치료비를 지원받는다. 보건복지부의 2017년 치료보호 예산은 1억 2700만 원이었다. 홍보비(치료보호제를 활용하라는 것) 5000만 원 등을 뺀 실제 치료 지원액은 7200만 원에 그친다. 국비와 지방비 절반씩 지원하는 매칭 펀드이므로 지원액은 1억 4400만 원쯤 된다. 외래 치료에 월 50만 원, 입원 치료엔 월 200만 원가량 든다는 점을 감안하면, 환자 6~24명의 1년치 치료비에 그친다. 치료보호 예산이 2018년 1억 8400만 원, 2019년 2억 4000만 원으로 증액되기는 했지만, 과연 사정이 달라질 수 있을지 의문이 든다.

민간 지정 병원은 치료비를 각 시·도에 신청하는데, 한편으로는 담당 공무원에게서 허용 가능한 지원 한도 예산액을 듣고 "이를 넘는 치료비는 청구하지 말라"는 압박을 받고 있다. 사정이 이렇다 보니 외래 치료만 하는 강남을지병원은 "(서울시에서) 받지 못한 누적 치료비가 5억여 원에 달한다"고 밝혔다. 국립부곡병원이 약물중독연구소 앞으로 책정된 예산이 있을 뿐이고 나머지 국립 병원 4곳은 어떠한 국가 지원도 받지 못하고 있다. 이는 마약류 중독 환자를 치료하면 할수록 손해를 보는 구조여서 치료 유인이 떨어진다.

또 병원은 가뜩이나 수익에 아무런 보탬이 되지 않는 마당에 마약 중독 환자가 혹시 병동에서 다른 환자에게 마약을 퍼뜨리거나 자칫 환각 증세 등으로 사고를 일으키면 법적 책임도 질 수 있다는 우려에서 더욱 꺼린다. 아울러 전문 의료진이 크게 부족한 데다 마약 중독 치료·재활에 별 의지가 없는 우리 의료 현실도 여기에 작용한다. 약물 환자로서는 치료를 받을 길이 갈수록 좁아드는 실정이다.

이 분야 전문가인 김낭희 박사는 이렇게 지적했다.

"정부는 그동안 대표성 있는 마약 중독자 실태 조사도 하지 않고 치료 분야에 별 관심도 기울이지 않았다. 지정 병원의 운영 현황을 점검하고, 전문 치료진을 육성할 방안도 마련해야 한다."

해외여행 나가서(중독자): "서울 강남에 돈 있는 이들은 약을 하려면 정신 나가지 않는 이상 해외여행을 가서 하고 들어오지. 도심 한복판에서 외제차를 몰다가 사고를 내고 도망간 친구 있잖아. 교도소에서 같은 방에 있었어. 외국에 나가서 졸피뎀 등 하고 들어오는데 한 번도 걸린 적이 없었다고 해. 진짜 약을 하고 싶을 땐 외국에 가서 하면 되지. 국내에서 약을 하면 상선, 하선 문제가 있어 잡힐 위험이 큰데, 외국엔 그런 선이 없으니까 약을 해도 잡힐 일이 없어. 일본에서는 집으로 직접 약을 배달해주니까."

24. "우리나라 약물 치료는 방치 상태"
_김낭희 박사 인터뷰

한국은 아직 치료를 이야기할 단계가 아니에요. 우선 중독자가 밖으로 모습을 드러낼 수 있어야 해요. 사람이 치료 기관이나 상담 장소에 찾아와야 그다음 서비스를 제공할 수 있는 거잖아요. 사실 처음에 뭔가 잘못됐을 때 그 사람이 빨리 치료 단계로 넘어갈 수 있게끔 하는 제도가 있어야 하거든요. 제가 생각했을 때는 제도가 먼저 바뀌어야 해요.

외국은 어떤 상담을 진행할 때도, 예컨대 가정 폭력을 겪은 사람이라고 해도 약물 검사를 먼저 실시해요. 약물 중독이 일반화돼 있기 때문에 처벌이라는 개념으로 접근하지 않고 기본적으로 먼저 치료를 해야 한다고 생각하는 것 같아요. 서구 사회는 모든 사회문제의 기본에 약물 문제가 깔려 있다고 보기 때문에 치료 쪽으로 방향을 잡는 거죠. 또 매년 약물 치료에 대해 정확한 통계를 내죠. 우리나라는 약물 치료에 대한 유의미한 데이터가 없어요.

치료보호 기관으로 지정된 곳이 국립과 민간 22개 병원인데, 실제로 중독자에게 서비스를 제공하는 기관은 그중 절반이 안 돼요. 치료보호 기관마저 마약 중독자를 받는 것을 꺼려하고요. 그리고 우리나라는 중독자가 치료를 하러 병원에 들어가는 것이 아니라 기소유예를 받으려고 치료보호를 요구하는 식이죠. 수감되는 것보다는 치료보호를 받는 게 나으니까. 스스로 치료받기 위해 병원에 찾아가는 중독자는 거의 없죠. 자의로 병원에 들어가는 경우가 있다면 자수해서 치료받을 의사를 보이는 대로 수사기관이 형량을 낮춰주기 때문이에요. 중독자가 치료를 받기 위해 스스로 모습을 드러내는 경우는 드물어요.

다양해진 스펙트럼을 고려한 치료 체계

일단 중독자가 마약 사회에서 빠져나와야 해요. 치료를 받아야겠다는 인식을 갖는 것이 중요해요. 병원이나 개인이나 모두 마약은 죽어야만 끝나는 걸로 알고 있어요. 그러다 보니 병원도 치료를 하지 않고, 투약자 자신도 치료를 받을 의지가 없어요. "내가 참지, 내가 안 하면 되지" 하고 생각하는데, 사실 그렇지 않거든요. 100이면 100, 중독자는 자신이 중독이라고 생각하지 않아요. "내가 마음만 먹으면 안 할 수 있어" 다 그렇게 생각해요. 즉 중독자조차 마약에 대해 잘 모르는 거예요. 개별적으로 만나보면, 다들 안 하면 된다고 해요. 그런데 왜 못 하냐고 물으면, 그때는 대답을 못 하죠. 자기가 맘만 먹으면 얼마든지 하지 않을 수 있다고 착각해요.

중독이라는 말이 그렇지만, "내가 혼자 참으면 되지" 하는 걸로는 안 된다는 걸 알게 하는 일이 중요해요. 마약 사회에서 나와서 우리랑 같이, 함께 할 수 있는 사람들과 모여서, 이 일을 해야 해요. 그들한테 약을 끊으라고 얘기하지는 않아요. 그 대신 당신이 중독자라는 걸 알고 같이 해결하기 위해 밖으로 나와보라고 하거든요.

그나마 치료보호 지정 병원이 아니라 정신병원에라도 갈 수 있는 사람은 다행이에요. 개선의 의지가 있는 거니까요. 병원의 치료가 중독자에게 완전히 무용한 건 아니잖아요. 중독 단계가 각자 다르고 증상도 다 다르므로 자신에게 맞는 치료를 받으면 되거든요. 너무 많은 케이스가 있으니까요.

요즘 신세대는 좀 달라요. 하는 약물의 종류도 좀 다르고, 접하는 경로도 달라요. 소득 계층에 따라서도 달라집니다. 사회적 지위가 높은 층에서 약을 하는 방식은 낮은 계층의 것과 또 다르고요. 나이와 세대, 사회적 계층에 따라 약을 하는 방식이 달라요. 결코 똑같은 방식으로 약을 하지 않아요.

특히 요즘 들어 분화가 심화되는 추세예요. 이전처럼 투약자의 소득 수준이 낮은 것도 아니며, 약을 접하는 통로도 특이해요. 얼마 전에 상담하러 찾아온 한 친구는 성형 수술비를 마련하기 위해 성매매 업소에 들어갔다가 필로폰을 접했다고 하더라고요. 자발적으로! 과거에는 투약자 대부분이 사회 하위층이었고, 그 때문에 값이 싸고 구하기 쉬운 본드와 가스에서 시작해 대마를 거쳐 필로폰으로 단계를 밟아 올라갔거든요. 그래서 일면 치료 기관 입장에서는 대응과 예측이 가능했어요. 그런데 요즘에는 완전히 다른 사례가 와 있어요. 이런 경우에는 우리가 이전부터 선택하던 방법이 맞지 않을 수 있거든요. 맞춤 치료를 찾아야 하는데 방법이 없어요.

케이스별로 접근 방법을 달리하는, 그런 스펙트럼을 고려한 치료 체계는 우리에게 없다고 봐야 해요. 대책이 현 상황을 못 쫓아가고 있어요. 이것은 방임이고 방치예요.

우리나라의 약물 치료는 현재 방치 상태에 있어요. 마약류 사범이 한 해 1만 4000명 이상 나오잖아요. 그중 70퍼센트는 초범이고요. 그렇게 따지면 누적된 사람의 수가 얼마나 많겠어요. 투약자 수가 그토록 많은데, 1년에 치료를 받는 이는 고작 500명 정도밖에 안 돼요. 치료보호를 받는 사람은 100명대고요. 보통 마약범죄가 암수범죄임을 고려해서 20배 정도로 계산을 하는데요. 이 마약범죄는 내가 피해자이면서 동시에 피의자여서 명확히 드러나지 않아요. 추정 방법은 연구자마다 다르기는 합니다.

지금 투약자의 케이스가 세분화되는 마당에 어떻게 대응해야 할지 방법을 모르겠어요. 100명에 1명꼴로밖에 드러나지 않는데, 그들을 연구할 수 있는 방법이 없어요. 지금 투약자를 만날 수 있는 길이 없어요. 외국에는 시스템을 갖춰 통계 관리를 하는데, 우리나라는 마약류 관련 통계가 거의 없어서 연구를 위해 데이터를 요청해도 소용없어요. 외국은 워낙 연구 사례가 많을 뿐 아니라 그 역사도 오래됐고, 약물 문제가 한 사회의 저변에 깔려 있다고 보는 시각 때문에 자연스럽게 약물 문제를 사회문제로 인식하고 있어요.

보건복지부가 운영하는 중독관리통합 지원센터라는 곳이 있어요. 중독 전체로 넓혀서 보면 여러 문제가 있을 텐데, 대부분 알코올 중독 환자를 다루고 프로그램 자체도 알코올 중독에 관한 거예요. 정부에서 운영하는 마약 관련 프로그램은 없어요. 우선 대상자가 있어야죠. 대상자가 드러나지 않으니, 대응을 하고 대책을 세우려 해도 할 수가 없어요.

5부

마약 사건 판결문 읽기

25. 연예인 마약 사건 판결문 읽기

세 여배우는 '의료 외 목적'으로 프로포폴을 투약받은 혐의로 나란히 기소됐다. 투약을 받은 병원과 의사가 같았다. 서울 강남의 병원. 프로포폴에 중독되면 처음엔 조금씩 맞다가 시간이 갈수록 양을 늘려나가고, 나중에는 끊고 싶어도 충동을 이기지 못해 다시 사용하게 된다. 한 번 주사를 맞으면 사용할 수 있는 모든 프로포폴을 모두 소진하기 전까지 멈추지 않는다고 의학계에 보고됐다. 동물실험 결과, 개코원숭이는 자가 투여 실험에서 양성 반응을 보였다. 즉 스스로 손을 뻗어 다시 찾았다. 자제력이 발휘되지 않는 약물 중독의 전형이다.

이들은 미용 시술이 끝난 뒤에도 시술과 상관없이 프로포폴을 추가로 투약해달라고 적극적으로 요구했다. 투약해준 두 의사, 산부인과 전문의와 마취통증의학과 전문의는 의료법 위반, 업무상과실치사 혐의 등으로 기소되어 함께 징역 1년 6월에 벌금 3000만 원

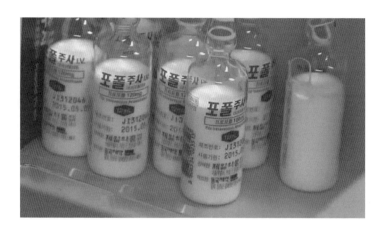

— 프로포폴 주사액.

을 선고받았다. 의사들은 수면 마취가 필요 없는 간단한 미용 시술 등을 할 때는 프로포폴을 사용해서는 안 되고, 특정인에게 지속적으로 반복해 투약하면 의존성과 중독 증상이 생긴다는 것을 잘 알고 있었다. 또 향정신성의약품 관리대장에 프로포폴 사용 내역을 거짓으로 작성했다. 판결문을 보면, 판사는 이러한 고의성을 논파하는 데 집요하게 긴 페이지를 할애하고 있다.

여배우들은 2005년에서 2007년 무렵부터 강남의 피부과와 산부인과에서 수면 마취 상태에서 각종 미용 시술과 IMS(근육에 침을 꽂아 신경을 자극함으로써 통증을 완화하는 기술) 시술을 받아왔다. 시술이 끝난 뒤에도 간호조무사에게 "좀 더 자고 싶다, 쉬고 싶다"고 말하며, 추가로 투약해달라고 요구했다. 중독이 깊었다. 2008년 무렵부터 프로포폴 오남용에 대한 문제 제기가 계속되어온 사실, 그것이 향정신성의약품으로 지정된 사실을 그들은 잘 알고 있었다.

장 모 씨는 카복시(신체 중 지방이 많은 부위에 바늘을 통해 이산화탄소 가스를 주입해 피하지방을 없애는 비만 치료 기술)와 보톡스 시술을 받으면서 프로포폴을 놓아달라고 요구했다. 이러한 미용 시술은 사실 전신 마취제인 프로포폴을 사용할 필요가 없는데도, 의사는 정맥에 수액과 함께 주사하는 방법으로 프로포폴을 투약해주었다. 의사는 그녀가 의존성 때문에 수면 마취를 요구하는 것임을 잘 알고 있었다. 이렇게 2006년 8월부터 2012년 11월까지 6년여 동안 시술을 받으면서 총 410회 프로포폴을 맞았다. 이는 일주일에 1.7회 또는 한 달 평균 5.6회 정도의 빈도에 이른다. 프로포폴이 마약류로 지정된 시점이 2011년 2월 이후였던 것을 감안하더라도, 그 이후 투약 빈도를 보면 의존성이 틀림없었다.

이들은 병원이 아닌 곳(자택 등)에서 스스로 혼자 투약하거나 시술 없이 투약한 것이 아니라 병원 내에서 의사의 판단에 따라 시술과 병행해 투약했기에, 재판부로서는 이들이 불법성을 얼마나 인식했는지 따지기가 까다로울 수 있었다. 그럴수록 재판부는 이들의 투약 의도가 의료의 범위를 넘어선다는 점을 집요하게 논증했다. 치료를 위해 투약을 받은 것이 아니라 투약을 받기 위해 시술을 빙자했다는 것. 무엇보다 장씨가 하루에 병원 두 곳을 연달아 방문해 동일한 시술을 반복해 받으면서 두 차례 넘게 프로포폴을 투약받은 날이 적지 않았다는 점을 지적했다. 이미 한 병원에서 전신 카복시 시술을 받았다면 굳이 같은 날 다른 병원에서 동일한 시술을 받을 이유가 없는 것 아닌가. 만약 시술을 받으면서 부족한 면이 있다고 생각하면 시술을 받은 병원에서 그대로 하는 것이 타당하지 굳이 다른 병원으로 옮겨 시술을 받을 필요가 없지 않은가. 같은 날 두 병원에서 유사한 미용 시술을 받은 횟수가 23회에 이르렀다. 그럴 때 장씨는 나중에 방문한 병원의 의사에게 앞서 들른 곳에서 프로포폴 주사를 맞은 사실을 숨겼다.

그것은 누가 봐도 중독성이 의심되는 정황이었다. 검찰 측 증인으로 나온 한 의사도 같은 날 두 병원에서 같은 시술 때문에 수면 마취를 두 번 했다는 것은 중독으로 보인다고 진술했다. 몇 개 부위에 대해 추가 시술을 받는다고 해도 10~15분 차이가 날 뿐이고, 오히려 그것을 준비하는 시간이 더 길기 때문에 일반적으로 한 병원에서 모두 받지 다른 병원에 가서 또 받고 하지는 않는다고 했다. 그런 날 한 곳은 무료 협찬을 받은 병원이라고 장씨는 진술했지만, 같은 날 다른 병원에서 받은 시술은 무료가 아니었기에 그 말은 납득되지 않았다. 카복시 수술은 시술 금액이 비교적 저렴한 편이라 여기에 수면 마취를 병행하면 배보다 배꼽이 더 큰 상황이 되고, 그 까닭에 통상적으로는 시술에 프로포폴을 많이 사용하지 않았다.

특히 재판부는 시술에 참여한 간호조무사들의 진술을 적은 검찰 수사 기록을 인용했다. 카복시 시술을 받는 연예인 중엔 속보이

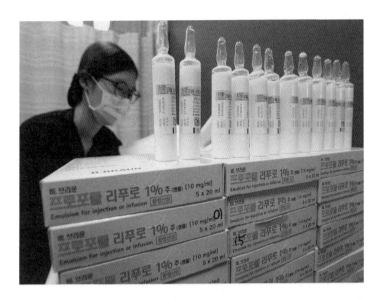

— 서울 시내 한 건강검진센터에서 간호조무사가 프로포폴 재고를 점검하고 있다. 식품의약품안전처는 2016년부터 '마약류 통합관리시스템'을 통해 마약류 의약품의 제조·수입·유통·소비 등 모든 과정을 추적 관리하고 있다. 사진 연합뉴스

는 행동, 즉 시술이 끝나고 신체 부위를 손으로 만져보면서 시술이 아직 덜 된 것 같다며 추가 시술을 요구하는 경우가 있는데, 장씨만큼 자주 추가 시술을 요구하면서 오래 시술을 받는 사람은 드물다고 했다. 또 간호조무사들은 장씨의 몸 곳곳에 카복시 시술로 생긴 멍 자국이 많이 있는 것을 보았고, 바로 직전에 카복시 시술을 한 것으로 보일 때가 있어서 주사 바늘을 넣었다가 조금만 시술하고 빼면 장씨가 그것을 지적하며 다시 시술을 요구했다고 진술했다.

재판부는 이런 점 등에 근거해 의존성이 있는 투약이고 '의료 외 목적'의 투약이라며 범죄가 성립한다고 결론 내렸다.

25. 연예인 마약 사건 판결문 읽기

이 모 씨도 IMS와 보톡스 시술을 받을 때마다 수면 마취해 달라고 요구했다. 이씨도 6년여 동안 일주일에 1.1회, 또는 한 달에 4.5회 정도의 빈도로 프로포폴 주사를 맞았다.

마약류 취급 의료업자가 향정신성의약품을 직접 투약하는 경우, 진료기록부에 사용한 의약품의 품명과 수량을 정확히 기재해야 한다. 의사는 나중에 프로포폴 사용량을 조작하기 위해 진료기록부에 프로포폴을 사용했다는 의미로 'P'라고 적으면서도, 그 사용량을 공란으로 비워두었다. 프로포폴 사용량을 연필로 썼다가 나중에 지우고 볼펜으로 허위 기재하는 방식도 썼다. 이런 일에 병원 상담실장과 간호조무사, 피부관리사가 가담했고, 관리대장을 파기하는 일도 서슴지 않았다. 투약자별 사용량 일체가 허위였다.

의사는 프로포폴 투약은 언제나 시술과 병행해 이뤄졌고, 시술할 당시 투약자들이 고통을 호소하기에 어쩔 수 없이 프로포폴을 사용한 것이며, 설사 투약자들이 중독 증상을 보이더라고 자기로서는 전혀 인식할 수 없었다고 주장했다. 정당한 의료 행위로서 '의료 외 목적'이 아니라는 것이다. 하지만 검찰 조사를 받을 때는 연예인들이 프로포폴 중독 증상이 있음을 알면서도 시술을 빙자해 투약한 사실을 인정했다.

배우와 모델인 그들은 엑스터시와 케타민을 함께 했다. 넷은 2008년 4월 예 모 씨의 집에 모여 각각 엑스터시 한 정씩 물과 함

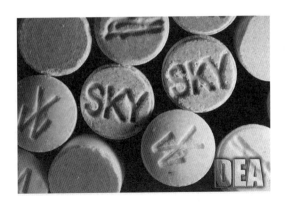

— 알약 형태의 엑스터시.

께 먹은 다음, 비닐봉지에 든 케타민을 빨대에 대고 번갈아 가며 코로 들이마셨다. 둘씩, 셋씩 모일 때도 있었는데 그때도 엑스터시를 먹은 다음 케타민을 흡입하는 이 순서는 지켜졌다.

엑스터시와 케타민은 일본에서 구입해 밀수입했다. 주로 윤 모 씨가 도쿄를 다녀왔다. 도쿄 아카사카에 있는 호텔에서 만난 사람에게서 엑스터시 10정과 케타민 다섯 봉지에 190만 원 정도를 냈다. 윤씨는 생리대와 팬티 속에 구입한 마약류를 넣어 숨긴 채 김포국제공항의 출입국심사대와 세관검색대를 순차적으로 통과했다. 한국에 돌아오는 대로 미리 비행기표 값과 사올 돈을 입금한 다른 이들에게 물건을 건네주었다. 다들 윤씨의 집 앞으로 와서 직접 받아 갔는데, 한번은 받는 쪽에서 콜택시를 보내면 해시시를 쇼핑백에 담아 보내주기도 했다.

당시 경찰은 전 모 씨의 집에서 대마엽 0.45그램, 해시시 0.04그

25. 연예인 마약 사건 판결문 읽기

램, 주황색 엑스터시 1정, 갈색 엑스터시 반 정, 케타민이 담겨 있는 비닐팩 3개를 찾아내 압수했다. 재판을 받을 당시 다른 세 명과 달리 전씨에게는 사선이 아닌 국선 변호사가 붙었다.

재판부는 엑스터시와 케타민이 환각 작용은 필로폰과 LSD에 못지않은데도, 가격이 상대적으로 싼 편이고 입으로 흡입할 수 있어서 처음 접하는 사람에게 거부감이 적다고 했다. 그만큼 확산될 우려가 있었다. 재판부는 이번 사건에서 윤씨가 다른 이들에게 투약을 권유한 점에 주목했다. 윤씨가 2007년부터 2009년까지 총 여섯 차례 밀수입하면서 보인 범행 방법은 계획적이고 대범했다. 다른 세 사람과 달리 그녀는 징역 3년 형의 집행이 유예되지 않았다.

2007년 판결은 감옥행을 비껴가지 않았다. 앞선 네 차례의 구금 생활과 달리 이번에는 징역 1년을 살아야 했다. 1980년대에 시작한 대마초가 1990년대에 들어서는 필로폰으로 번졌다. 가수 전 모 씨는 2006년과 2007년 서울 삼청동의 집에서 대마초 연기를 마셨다. 유리파이프에 대마초 1회분을 넣고 불을 붙여 흡입하는 방식을 쓰다가, 나중에는 빈 페트병에 구멍을 내고 은박지 빨대를 꽂은 후 그곳을 통해 대마초 1회분을 넣고 불을 붙여 연기를 채우고, 페트병 입구에 입을 대고 들이마셨다.

또 의사의 처방을 따르지 않고 옥시코돈 성분의 마약류 진통제인 '옥시콘틴'을 다량 복용했다. 이때 일부를 허리 통증으로 고통

— 일명 '메스 파이프meth pipe'로 불리는 유리파이프. 수정체 필로폰의 조각을 안에 넣고 가열해서 나오는 연기를 들이마시는 데 쓰인다.

이 심한 매니저에게 건네주었다. 매니저가 마약 관련 범죄로 체포되자 수사를 피해 2007년 필리핀으로 출국한다. 그 뒤 다른 매니저에게 대상포진 약으로 먹는 마약류 옥시코돈을 처방받아 필리핀으로 보내달라고 부탁한다. 매니저는 필리핀으로 여행을 가는 인편에, 병원에서 처방받은 옥시코돈을 전씨에게 전해준다. 그 뒤에는 매니저가 직접 필리핀으로 찾아가 옥시코돈을 건네주었다.

전씨는 필리핀에서 도피 중에도 필로폰과 대마초를 계속 흡입했다. 2006년 한국에서 필로폰을 투약할 때 주사기를 사용했는지는 판결문에 나오지 않는데, 2007년 필리핀에서는 그곳에서 구입한 수정체 필로폰을 고운 가루가 되도록 갈아 코로 흡입하는 방법을 썼다.

배우 김씨는 범행 수법이나 횟수를 보더라도 죄질이 중했다. 2008년부터 2010년까지 필리핀에서 필로폰을 구입해 세 차례나 밀수입했다. 필리핀 막탄세부국제공항에서 출발해 인천국제공항을 통해 입국했다. 속옷이나 바지에 숨긴 채 출입국 심사대를 통과했다. 그렇게 들여온 필로폰이 0.99그램에 달했으니 적지 않은 양이었다. 단순히 투약하는 데 그치지 않고 해외에 나가 적극적으로 구해 온 것이다.

필로폰을 들여오면 서울 역삼동 집에서 일회용 주사기를 이용해 투약하고, 대마 흡입 기구를 이용해 대마까지 흡연했다. 필로폰 1회 투약분인 0.03그램을 일회용 주사기에 넣고 생수로 희석한 다음 팔에 주사하는 방식이었다. 또 그것을 다른 사람과 함께 나누었으니 마약류 범죄를 확산한 셈이다. 경찰 수사에서 그의 모발 감정을 했을 때 모근에서부터 3센티미터 사이 구간뿐 아니라 3~6센티미터 구간에서도 필로폰 성분이 검출됐다.

그는 2007년경 주식 투자를 하다가 크게 실패했다고 한다. 재판을 받을 당시 동료 연예인과 방송 관계자, 한국과 중국에 있는 팬 등이 탄원서를 내고 선처를 구했다.

방송인 이 모 씨는 2012년 4월 서울 강남의 한 병원에서 선반 위에 놓여 있던 프로포폴 20밀리리터 앰플 5개가 든 상자 한 개와 주사기 한 개를 몰래 가방에 넣어 들고 나왔다. 그날 한 아트숍에 들러 왁싱룸에서 프로포폴 10밀리리터를 주사기에 넣고 자기 왼팔의 혈관에 주사했다.

———

가수 조 모 씨는 2013년 8월 서울 지하철 5호선 종로3가역 6번 출구 근처 포장마차에서 한 지인에게서 필로폰 0.14그램을 무상으로 건네받았다. 며칠 후 강남 신사동 가로수길에 차를 정차해놓고 그 안에서 필로폰 0.21그램을 다시 건네받았다. 그리고 논현동 강남을지병원 네거리에 있는 한 식당 옆 도로에서도 차를 세워놓고 필로폰 0.21그램과 대마초 2그램을 건네받았다.

그가 필로폰을 어떤 식으로 투약했는지는 판결문에 나오지 않지만, 마약류를 얻거나 투약할 때 차 밖으로 모습을 드러내지 않았다. 대마초를 피울 때도, 경기 용인 한 아파트의 지하 3층 주차장에 주차해놓고 차 안에서 대마 2그램을 종이에 만 다음 불을 붙여 연기를 들이마셨다. 그는 1997년과 1999년 대마초를 피우다 잡혀 실형을 선고받은 적이 있고, 2003년에는 필로폰을 투약하고 판매한 혐의로 구속됐다.

———

가수 최 모 씨는 형사처벌을 전혀 받은 적이 없는 초범이었다. 집행유예 사유에 재판부는 그가 "국내와 해외의 수많은 팬들에게

— 대마초를 피우는 사람.

사랑을 받아온 공인"이라고 적었다. 그는 2016년 10월 서울 용산의 집에서 전자담배에 든 액상 대마를 다른 한 사람과 번갈아가며 담배를 피우는 방법으로 흡연했다. 며칠 뒤 같은 곳에서 팔리아멘트 담배 개피에 대마 0.2그램을 넣고 불을 붙여 담배를 피우는 방법으로 대마를 흡연했다. 주로 새벽 5시에서 아침 9시 사이였다.

영화배우 기 모 씨는 1991년경 같은 범죄를 저지르고 집행유예 판결을 받은 전력이 있었다. 그가 다시 2016년과 2017년에 걸쳐 대마초를 건네받은 곳은 서울의 한 대학교와 모 수련원, 그리고 집이었다. 담배 한 개비 분량의 소량이었다. 그렇게 받은 대마초를 대학교와 집, 공원에서 피웠다. 그리고 한두 번 피울 만큼의 대마초를 은박지에 싸서 지갑에 넣어 갖고 다녔다.

26. 일반 마약 사건 판결문 읽기

일반 마약 사건 70여 건의 판결문을 검토했다. 법원 홈페이지의 '종합법률정보'에서 검색해 판례를 찾거나 법원도서관에 가서 판결문을 뒤졌고, 찾지 못한 사건은 한국일보 사건 기사에 보도된 수사기관의 기소 내용과 검거 정보를 참조했다.

　보통 판결문을 읽을 때는 재판부의 법리 판단과 법 적용을 살펴보기 위함인데, 이번에는 그보다 공소사실을 다룰 때 언급되는 검찰의 진술조서(피의자신문조서) 등에서 구체적인 사건 경위와 증거를 만나보기 위해서였다. 비교적 날카로운 판단이 전개되는 지점은 피고가 수사기관의 함정수사를 주장할 때와 자신들의 동의(모발채취 동의서) 없이 검사를 위해 모발을 채취한 것은 위법이므로 증거능력이 없다고 따질 때였다. 법원은 함정수사를 범의 유발형과 기회 제공형으로 구분했는데 대체로 없던 범의가 수사기관의 계략에 따라 비로소 생겨난 것은 아니라는 것을 증명하기 위해 여러 설명을 달았다. 판매책인 피고의 판매 전력을 언급했고, 검거됐을 당시 마약수사관에 협조한 '야당'에게 주려한 것보다 많은 양을 소지한 점 등을 지적했다. 물론 재판부도 마약 수사에 협조한 공적을 쌓기 위해 투약자와 상선을 제보하는 '야당'의 존재를 감안하고 있었다.

특히 법원은 공소사실에서 범죄의 날짜와 장소, 방법이 특정되었는지를 신경 썼다. '특정'을 늘 엄격히 적용했다는 말이 아니다. 마약 사건에서는 이 세 가지가 특정되기 어렵기 때문에 '특정'의 정도를 구체적 상황에 맞게 세밀히 조정했다. 피해자가 없고, 즉 범죄자와 피해자가 동일하고, 공범자 간에 은밀히 이뤄져 대부분 목격자가 없는 마약범죄의 특성상 피고가 부인하면, 자칫 재판부는 공소사실 특정을 엄격히 적용했다간 형벌권을 행사할 여지가 없었다. 일시와 장소, 방법이 대략적이어도 검사에게 유리할 때가 있었고, 모발 검사에서 양성 반응이 나와 투약 시점이 추산되더라도 피고에게 유리할 때가 있었다. 주사 행위 한 번이 그 자체로 독립된 범죄구성요건인데 그날 그곳에서 몇 차례 주사했는지 특정하기 어려웠고, 모발 채취일로부터 역산해 투약 시점을 잡더라도 길게는 열흘이나 포함됐다. 따라서 마약 사건에서 공소사실 특정(형사소송법 제254조 4항)의 어려움은 재판부에게는 조화시키기 어려운 계륵 같아 보였다.

예외는 없었다. 재범률이 높은 특성상 누범이 다시 재판받는 경우가 많았고 어김없이 실형 선고를 피하지 못했다. 집행유예 기간임에도 자숙하지 않고 투약한 경우도 실형을 받았다. 형이 무겁다고 항소했지만 대다수 항소는 기각됐다. 범행을 전부 인정하고 반성하는 모습을 보이면서 투약을 중단하겠다고 다짐하는 이는 동종 전과가 없는 초범이었다. 재판부가 추징금을 산정하는 데 필요한 필로폰 1회 투약분의 평균 가격은 10만 원으로 통용되고 있었다.

투약 행태

필로폰은 아는 사이에 공짜로 건네주는 경우도 간혹 있었지만 대체로 현금 거래가 일반적이었다. 구입한 약물을 들고 일행과 함께 가는 곳은 주로 모텔이었다. 투약할 때는 보통 주사기 한 칸이라고 하는 0.02~0.03그램을 자기 팔 정맥에 찔러 넣었다. 팔꿈치 안쪽 정맥이 대부분이고 사람에 따라서는 손등 혈관이 되기도 한다. 주사기에 약을 넣은 다음 생수로 희석하는데, 이는 물과 섞는 것이 아니라 물에 녹이는 감각이다. 0.07그램을 셋이서 나눠 쓰기도 했다. 0.1그램이 있는데 둘이서 모텔에 들어갔다면 주사기 두 개에 0.05그램씩 나눠 담았다. 주삿바늘 쪽에 주황색 덮개가 쓰인 일회용 주사기가 방 안에 흔했다. 적어도 확인한 사건의 판결문 내용에서는 하나의 주사기를 서로 돌려가며 쓰는 경우는 언급되지 않았다. 하지만 주위에 약이 주사기 하나에 든 것밖에 없고 여분의 주사기가 없으면 같이 쓸 것이다.

구입할 때부터 약이 든 주사기를 사기도 한다. 1그램짜리 주사

— 사용한 후 길가에 버려진 일회용 주사기.

기 안에 필로폰이 가득 찬 것을 '1사키'라고 한다. 팔기 위해 권유하는 경우 필로폰이 든 주사기를 투약자의 눈앞에 내보이는 것이 효과적이기는 할 것이다. 공짜로 약이 든 주사기를 줄 경우도 있는데 노상에서 만나 조금 덜어주기가 어렵거나 함께 그것을 투약하자며 먼저 모텔에 가 있으라고 할 때가 그렇다.

은박지라고도 하는 알루미늄 포일에 필로폰을 올려놓고 불을 붙여 연기를 들이마시는 방법도 혼용됐다. 이렇게 주사기를 사용하지 않는 연기 흡입식을 '프리 베이스freebase' 방식이라 한다. 팔뚝에 자국이 남고 통증이 있는 것 때문에 주사기에 부담감을 갖는 이들이 이용한다. 한때 조선족 마약 조직이 한국으로 필로폰을 들여올 때 유흥업소 종업원과 손님들 상대로 이런 방식으로 퍼뜨렸었다.

프리 베이스로 하면 주사기 투여에 비해 한 번에 많은 양을 할

— 일명 '메스 봉meth bong'이라 불리는 흡입 기구. 필로폰을 프리베이스 방식으로 할 때 페트병 옆쪽에 꽂은 작은 관을 통해 필로폰 증기를 집어넣은 뒤 병 입구에 입을 대고 들이마신다. 페트병 안에 좋아하는 음료수를 넣기도 한다.

수 있고 환각 효과가 오래간다. 동석한 이들이 그렇게 흡입할 때 옆자리에 있으면 필로폰에 간접 노출되기도 한다. 그래서 한 재판에서는 필로폰 모발 검사에서 양성 반응이 나온 피고인이 베트남 여행을 하던 중 카지노에 들렀다가 프리 베이스를 하는 이들 때문에 연기에 노출된 것이라고 주장했다.

물담배처럼 흡입하는 방식도 있었다. 은박지에 필로폰을 올려놓고 감싼 것을 열을 가해 연기를 낸 다음 빈 생수통에 연결된 빨대를 통해 집어넣고 반대편 빨대로 들이마시는 것이다. 모텔에서 사기 도박판을 벌일 때 환각 상태를 만들기 위해 미리 준비해둔 장치였다.

26. 일반 마약 사건 판결문 읽기

이처럼 프리 베이스를 할 때 투약 장소는 대체로 폐쇄된 좁은 실내였다. 중형 승용차 안이나 화장실 칸이었다. 서울 마포 쪽에서 경기 안양으로 향하는 차 안에서 옆자리에 앉은 사람이 준비한 그런 필로폰 연기를 들이마셨다. 지하 주차장에 주차해놓은 차 안에서, 병에 필로폰을 넣고 가열해서 나오는 연기를 빨대로 들이마시기도 했다. 그렇게 하면 냄새도 덜 나고 머릿속으로 가는 시간을 줄여 효능도 빠를 것이다. 지하 주차장에 드리운 조명과 어둠은 사람들의 눈을 피해 움직이고 숨는 데 여러모로 효과적이었을 것이다.

경기 부천의 한 아파트 앞 길가에서 버젓이 주사를 찌르는 현장이 나왔는데, 눈을 의심하며 다시 읽어보니 투약 시간이 밤 11시 한밤중이었다. 한번 투약을 시작하면 하룻밤 새 두세 차례는 팔뚝에 주사했다.

필로폰을 생수가 들어 있는 물통에 타 마시기도 했다. 절반씩 나눠 두 시간 간격으로 마셨다. 캔맥주나 믹스 커피, 비타민 음료에 타마시는 경우도 있었다. 종이컵에 필로폰을 먼저 담고 음료를 따라서 마시는 것이다. 각자 주사기를 쓰듯 각자의 종이컵을 사용했다.

대마를 피울 때는 담뱃잎을 제거한 담배 안에 대마를 넣고 불을 붙이거나 담배 파이프를 이용했다. 러미나는 역시 필로폰이나 대마에 비해 값이 쌌다. 한 판매자는 50만 원 빚을 탕감받는 조건으로 러미나 1000정이 든 플라스틱통을 건넸다. 러미나 100정 정도는 편지 봉투에 넣어 공짜로 주었다. 받는 이는 러미나 25정을 물과 함께 한 번에 복용했다.

마약류 배송과 매매

필로폰을 건네줄 때는 0.3~0.5그램을 지퍼백에 넣어 주었다. 갖고 다니며 조금씩 꺼내 쓰기에는 지퍼백이 편했을 것이다. 공짜로 줄 때는 종이나 담배 은박지에 싸서 소량을 주는 등 포장이나 운반에 신경 쓰지 않았다. 판매자와 안면을 튼 사이인지에 따라 대금 50만 원에 필로폰이 0.5그램이 되기도 하고 1그램이 되기도 했다. 인터넷 채팅앱인 '앙톡'을 통해 처음 알게 된 사람에게서는 1그램을 70만 원에 샀다.

또 약을 사러 북대전 IC 또는 남대전 IC 인근 장소로 갈 때는 렌터카를 타고 갔다. 고속도로 휴게소 인근에서 만나 거래하는 경우가 보였는데 판결문을 읽다 보면 고속버스 터미널과 기차역 주변에서 만나는 경우는 계속 발견됐다. 시외버스 터미널의 화장실 앞과 고속전철역 앞 주차장, 지하철 인근 화단 등 역과 터미널 주변에서 그들은 주로 만났다. 늘 교통편 주위에 있었다. 현장에 나타나지 않고 다른 장소인 커피숍에서 매매가 끝나기를 기다리는 일행도 공모에 해당했다.

판매자와 구매자가 만나지 않을 때는 던지기 수법으로 물건을 주고받았다. 어떤 경우엔 주문 담당과 배송 담당 등으로 역할을 분담했다. 중간상인 주문 담당이 처음에 마약류를 윗선 판매책에게서 구입하는 것과 이후 광고와 개별 주문까지 맡았고, 배송 담당은 처음부터 윗선에게서 물건을 받아 보관했다가 각 주문마다 재포장해 배송했다. 그렇게 업무를 분담하면 주문 담당은 해외에 거주하며 한국에서 오는 주문을 받을 수 있었다. 그는 딥웹의 한 사이트나 인터넷 블로그에 마약 판매 광고를 올리고, 비트코인 계좌를 관리하는 일을 맡았고, 수익금을 한국에 있는 배송 담당과 나눴다.

한번은 주문 담당이 비트코인을 이용해 윗선에 LSD와 대마를 주문했다. 보관 및 배송 담당은 가르쳐준 대로 서울 이태원 한 빌라를 찾아가 대문 옆 화분 뒤에 숨겨 놓은 물건을 챙겼다. 말보로 라이트 담뱃갑 안에 LSD 15장이 들어 있었다. 대마 120그램은 동작구의 한 길가에서 퀵서비스로 전달받았다. 대마는 상선의 다른 연결책이 고속버스 수화물 택배를 통해 동서울터미널에 도착하게 해놓은 것을 오토바이 퀵서비스 기사가 찾아서 동작구로 배송한 것이다. 고속버스 수화물 택배를 쓰면 수령지로 배달되는 일반 택배와 달리 버스 터미널에서 직접 받아가니 정확한 주소가 필요 없을뿐더러, 운송장 번호를 알고 있으면 얼마든지 찾아갈 수 있었다. 윗선과 연결책은 한 번도 모습을 드러내지 않았을 뿐 아니라 그들의 위치도 파악되지 않았다.

이때 퀵서비스로 받은 물건에 대마 말고도 엑스터시 5그램이 끼어 있는 것을 보고 배송 담당은 주문하지 않은 물건이 왔다고 의아해했다. 주문 담당에게 어찌된 일인지 확인해달라고 요청했는데, 주문 담당이 엑스터시가 배송된 이유를 문의한 결과 '서비스'라는 대답이 왔다.

그 후 배송 담당은 광고 후 주문에 따라 갖가지 배송 장소를 정해 대마를 날랐다. 길가 표지판 아래, 헌옷 수거함 옆, 국기 게양대

옆, 지하철역 출구 옆 버스정류장의 의자 위, 우편함 아래, 지하철역 역사 안의 남자화장실 첫 번째 칸 등. 모두 폐쇄회로 TV가 드문 곳이었다. 특히 길가 헌옷 수거함에 갖다 놓을 때는 대마를 신문지에 싸서 수거함 밑에 붙여 놓았다. 판매가는 대마 1그램에 11만 원이었다.

아는 사이에서는 구매자가 대금을 입금하고 판매자에게 전화하면 퀵서비스로 전달되는 경우가 계속 나왔다. 판매자는 필로폰 10그램이 담긴 비닐봉지를 빈 담뱃갑에 넣어 밀봉한 후 다시 그것을 서류 봉투에 넣어 오토바이 퀵서비스로 배송했다.

6부

재사회화, 재활 공동체

27. "약이나 팔자" 다시 범죄 굴레

조 모(54세) 씨는 2017년 10월 교도소에서 만기 출소했다. 마약 중독자가 되어 치른 여섯 번째 죗값이다. 출소하는 길로 지긋지긋한 약의 굴레에서 벗어나기 위해 곧장 일자리를 찾아다녔다. 한때 택시를 몰았던 터라 다시 자리를 알아보았으나 마약 사범으로 형을 산 탓에 면허 자격을 잃어 다시 운전대를 잡을 수 없었다. 여객 자동차법에 따라, 마약류관리법 위반으로 금고 이상의 형을 산 지 20년이 되지 않은 경우 자격을 취소하기 때문이다.

'아파트 경비원은 가능하지 않을까' 하는 막연한 기대를 품고 경비 용역업체와 직업소개소를 돌던 그는 '신원 조회'에 동의해야 한다는 말에 고개를 숙였다. 공장 몇 군데도 발품을 팔았지만 기술 자격 하나 없는 처지를 실감하고 발길을 돌려야 했다.

조씨의 사연은 대체로 마약 중독자의 현주소다. 마약 전과자라는 낙인이 찍히고 약 끊는 일을 연거푸 실패하다 보면 자존감이 바닥에 떨어진다. 높은 취업 문턱을 넘지 못하는 좌절감 또한 상당하다. 여기에 교도소를 다녀오면 가정도 깨지고 친구도 떠나면서 주변에 사람이 없어진다. 주위엔 교도소에서 만난 이들, 같이 약을 했던 이들뿐이니 외롭고 궁금한 마음에 연락했다가 다시 약에 손대게 된다. 마약을 만지고 옥살이를 하는 악순환이 되풀이되는 끝에 자기 파괴의 위험은 갈수록 커진다.

일반 범죄자와 달리 마약 중독자의 취업 재활에는 한층 적극적인 정책 개입이 필요하다. 관리되지 못한 마약 투약자는 생활고에 시달리다 벼랑 끝에 몰리면 투약도 문제이지만 더 중한 범죄의 유혹에 넘어가기 쉽기 때문이다. 단순 투약자가 알선책 단계를 거쳐 판매책이 된다. 즉 하선에서 상선이 되는 코스를 밟을 우려가 크다는 얘기다.

마약 사범은 수감 전력이 3범 이상인 경우가 허다한 것을 감안하면 벼랑 끝에서 경로 전환은 불가피해 보인다.

"수사기관에 걸렸을 때 자기 고객을 무더기로 넘겨주고 투약자보다 겨우 2~4개월 형을 더 받는 판매자를 종종 본다. 그걸 보면서 판매자를 못 할 것 없다고 생각한다. 투약자가 '향방'(마약 사범 감방)을 나가서 살 길이 막막해지면 '에이, 이럴 바에야 돈이라도 벌자' 하는 심정으로 선을 넘는 경우가 더러 있다."

중독자 이 모(56세) 씨는 후배의 사례를 전했다. "운전밖에 못 하는 후배가 형을 마치고 나왔는데 면허 취소가 되어 생계가 막막

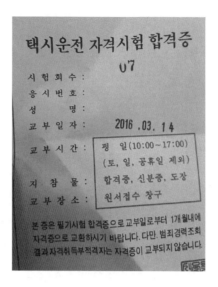

— 마약 사범은 운전면허 시험에 합격하더라도 범죄 경력을 조회한 결과 법적 제한 기간이 남아 있으면 자격증이 주어지지 않는다. 사진 손현성

해지니까 약 파는 무리에 끼었다. 쉽게 큰돈을 만지니 투약도 더 자주 했다." 한 국책연구기관의 설문조사를 보면, 교도소 수용자 27.5퍼센트(51명 중 14명)가 취업이 안 될 경우 생계를 위해 '마약을 팔아서라도 생계비를 마련하겠다'고 답했다(한국형사정책연구원, 2006년 발행 연구결과보고서). 이들의 사후 관리가 마약 공급 억제 정책에도 연결되는 것이니만큼 정부는 더 이상 마약 투약자들을 의미 없는 옥살이만 시켜서는 안 된다.

또 출소해도 원만히 사회에 복귀할 가능성이 매우 낮다. 대다수 중독자가 교정 시설에서 직업훈련을 받을 기회조차도 얻지 못해 출소해도 재취업하는 데 난관에 부딪히기 마련이다. 조씨는 출소하기 5개월 전인 2017년 5월 직업훈련생 모집(7~9월 3개월 과정)을 접하고 '타일' 부문을 신청했다. 출소를 앞뒀고 인성 교육을 빠짐없이 받은 데다, 징벌 한 번 받지 않은 터라 대상자로 선정될 수 있다는 기대를 품었다. 간절한 마음을 담아 법무부에 편지도 띄웠다. '마약을 하며 징역만 살다 보니 배운 기술도 없습니다. 이번 석 달 과정 동안 잘 배워서 사회에 나가면 마약을 끊고 사람답게 살고 싶습니다'고 썼다. 2014년 포항교도소에 수감됐을 때도 직업훈련을 신청했지만 고배를 마셔서 더욱 절실했다. 얼마 뒤 '공정성을 기해 뽑는다. 결과를 기다리라'는 답이 왔지만, 결과는 '탈락'이었다. 그는 절규했다.

"여섯 번 옥살이를 하는 동안 한 번도 직업훈련을 받은 적이 없어요."

조씨는 밥벌이를 위해 안간힘을 쓰다 간신히 천장에 환풍기를 설치하는 일용직을 구했다. 과거 택시를 몰 때 요금을 내지 않고 도망가는 승객을 붙잡다 되레 맞아 쇄골을 크게 다쳤지만, 일당 10만 원을 준다는 말에 안 아픈 척 일했다. 그렇게 열흘 동안 일하던 중 2018년 1월 3미터 높이에서 떨어져 허리 척추를 다쳤고, 경기 포천의 한 병원에 입원했다.

교정 당국은 각종 면허·자격 교육 훈련 대상자를 선정할 때 마약 사범을 특별히 배제하지 않는다고 설명하지만, 그 진위를 떠나 상당수 마약 사범이 원하는 직업훈련을 받지 못하고 불안한 처지

— 50대 마약 사범 조씨가 출소를 앞두고 간절히 배우기를 원해 신청했다가 기회를 얻지 못한 직업훈련 중 타일 부문. 다른 수형자가 기능대회 타일 부분에 참여하고 있다. **사진 법무부**

로 사회에 나오는 게 현실이다. 이는 사회적 비용으로 돌아오지만, 관련 기관들은 이들의 치료·재활에 대해 여론이 아직 싸늘하다며 정책 변화 추진에 소홀했다.

사회의 극소수 직업 재활 환경마저 '역주행' 한다는 지적이 나온다. 한국마약퇴치운동본부의 내부 중독 재활 센터인 송천재활센터가 2018년 초부터 24시간 입소 시설에서 낮 시간 이용 시설로 바뀌었다. 2002년 설립된 송천센터는 오갈 데 없고 가난한 마약 중독자에게 숙식을 제공해 심적 여유를 주고, 기술 자격·면허를 따도록 수강 등을 지원하며, 취업 알선도 해주는 기능을 해왔다. 그러다 간혹 투약 사건이 터진 데다 홍보 부족 등으로 입소 이용자 수가 줄어드는 바람에 '반쪽짜리' 운영 방침으로 바뀌게 됐다고 한다. 이런 사정을 잘 아는 관계자는 "문을 항시 열어둔 채 취업하고 재기할 의지가 있는 중독자를 기다려야 하는데, 마약 중독의 특성을 감안하지 못하고 단발성 운영을 하게 됐다"고 비판했다.

이런 가운데 마약 중독자의 과도한 직업 제한을 다소 완화하려는 입법 움직임도 있다. 김승희 자유한국당 의원은 마약 중독자의 이·미용사 면허를 금지한 공중위생관리법 등 23개 개별 법에 대해 '정신건강의학과 전문의가 적합하다고 인정하는 사람은 그러하지 아니하다'는 단서 조항을 넣는 개정안 발의를 준비 중이다. 김 의원은 "각종 국가 자격과 면허 취득 자격 요건에서 유독 마약 중독자에게는 신청 자체도 원천 금지된 것은 직업 선택의 자유를 과도하게 제한한 것이다. 타인의 안전을 고려하면서 사회가 허용 가능한 범위를 두고 검토가 필요하다"고 강조했다.

판매자로 전락(중독자): "처음 마약을 시작할 때는 기호로, 좋아서 한 것이지만 감방을 들락날락하는 사이 어느새 마약이 수단이 돼버려. 약은 하고 싶은데 돈은 없지. 주위에서 누가 "형님, 약 좀 구해주십시오" 하면서 100만 원을 주기에 30만 원은 내가 챙기고 판매상에 가서 약을 사다 줬지. 약을 줄 때도 내 몫으로 조금 덜고 주고, 내가 조금 떼어먹고 연결해주기도 하고. 그렇게 시작하면 그게 알선이거든. 거기서 더 발전하면 판매가 되는 거야. 이게 모든 약쟁

이들이 겪는 일이야. 95퍼센트는 그렇게 갈 수밖에 없어."

―――――――――――

나 몰라라(중독자): "출소하면 제일 어려운 점이 경제력이야. 인맥이 있어 아는 사람의 회사에 들어가면 몰라도, 오갈 데 없이 집에만 있는 경우가 절반이 넘어. 어떻게든 먹고살 궁리를 해봐도 마약했던 사람은 버티기가 힘들어. 에이, 나 몰라라 하는 심정으로 자리를 박차고 나가면 그것으로 끝이야. 알선으로 나서면 한 번에 몇십만 원은 생기니까, 막일로 한 달 내내 일해서 150만 원 벌 생각을 안 하지."

28. "극복하고 있어요, 응원해주세요"

50대 아버지가 하나뿐인 친딸을 8년째 만나지 못하고 있다. 서울 도봉구 창동역 인근의 좁은 원룸에서 혼자 사는 김부원(53세) 씨의 속사정이다. 그가 마약류로 달게 된 전과는 모두 10개. 약물이 그를 30여 년간 따라다니는 동안 교도소를 집처럼 느끼게 됐다. 교도소에서 1년 6개월 살다가 2017년 1월 출소한 김씨는 이번에는 꼭 약을 끊겠다며 남다른 각오를 다지고 있다. 그는 딸 앞에 부끄럽지 않게 나서서 함께 식사할 날을 바라며 적극적인 치료를 받고 있다.

매주 화요일 서울 강남을지병원에 들러 규칙적인 약물 치료와 뇌파 치료 등을 받고 있다. 2016년 8월 공주교도소에서 화상 진료를 통해 약을 처방받은 이후 약물 후유증이 누그러지는 효과를 경험했다. 그전까지는 독거방을 고수해 한때 교도소 안에서 '말썽 수감자'로 간주되기도 했다. 분노 조절 장애가 있어 여러 재소자와 어울려야 하는 혼거방에서 지내는 데 상당한 괴로움을 호소했었다. 현재 불안과 우울증 같은 후유증이 한층 나아졌다. 중독자들이 익명으로 각자 경험을 얘기하며 약을 끊을 결의를 다지는 자조 모임(NA)에도 참여하고 있다.

잡념을 떨칠 요량으로 동네 마트에 꼬박꼬박 나가 알바 일도 하고 있다. 하루 네다섯 시간씩 일주일에 사나흘씩 일하며 물품 검수와 재고 정리, 배달, 카운터 업무를 한다. 마트 주인은 김씨와 호형호제하는 사이인데 이번에 그에게 다시 마음을 열었다. 출소하고 서너 달 어떻게 지내는지 지켜본 끝에 약을 끊을 의지가 확고한 것을 확인하고 마트의 일자리를 맡겼다. 과거 수감 생활을 하던 김씨에게 영치금으로 30만 원씩 보내주는 등 호의를 베풀다가 재범이 이어지자 한때 실망하기도 했다. 김씨는 "그간 동생에게 영치금을 받는 등 많은 신세를 져서 이번에 일을 거드는 것으로 갚는 면도 있다"고 했다. 마트 주인은 김씨의 달라진 면모를 응원한다는 뜻에서 다리가 다소 불편한 김씨에게 500만 원짜리 중고차까지 제공했다.

한동안 마약 세계에서 꽤나 유명했던 김씨가 스스로 주변의 마약 인맥을 끊어내는 노력이 동네에 알려지면서 지역사회도 그를 적극 지원하고 나섰다. 도봉구청 복지정책과 희망복지지원팀이 앞장섰다고 한다. 도봉구는 김씨에게 반찬과 도톰한 이불을 제공하는 것은 물론, 임플란트 수술비의 절반을 지원하겠다고 약속했다. 2018년에는 검정고시를 준비하는 김씨를 위해 학원도 연결해줬다. 게다가 구청 직원들은 매달 5만 원씩 자비 후원금을 전하며 격려하

— 강남을지병원에서 마약 중독 치료 상담을 받고 있는 김부원 씨. 사진 손현성

고 있다. 김씨는 감회가 남다르다.

"제가 지금껏 마약 세계에만 있어서 인복이 없었던 것 같다. 여생을 사회에 보탬이 되는 일을 하며 보내겠다. 젊은 사람들이 우리처럼 50대가 돼서 후회하는 일이 반복되지 않도록 무슨 일이든 하고 싶다."

출소한 뒤 딸에게 연락할 엄두도 못 내고 있는 김씨는 "아버지랍시고 갑자기 나타나기에는 가진 죄책감이 크다. 의지를 굳게 다져 검정고시에 합격하면 용기를 내보겠다"고 말했다. 10년간 약을 끊은 사람도 한순간 무너지는 게 마약 세계의 엄혹한 현실이다. 하지만 김씨는 실명과 얼굴 사진이 세상에 공개되는 것에 동의할 정도로 강한 결의를 보였다.

고립된 존재(중독자): "예전 인맥은 다 떨어져나가. 마약을 하게 되면 나 혼자 담을 쌓게 돼. 주변을 의심하게 되니까. 마약 하는 사람 특징이야. 그러다 보면 혼자 고립되는 거야. 자기 자신도 밀어내게 돼. 마약 하는 사람이 어느 순간엔가 주변을 둘러보면 95퍼센트 이상이 범죄에 관련된 사람만 남아 있어."

플래시백(중독자): "마약 하는 이들에게는 플래시백이라는 게 있어. 약을 끊고 있는 중에도 환각을 반복해서 경험하는 경우가 흔하다. 신체적 금단증상일 수 있는데, 이건 약을 끊은 지 수년이 지나도 어느 순간 갑자기 찾아오거든. 몇 년 마약을 하지 않았다고 해서 자신이 그걸 이겨냈다고 생각하면 안 돼."

29. '다르크'를 아시나요?

일본의 민간 약물중독 재활센터 '다르크'DARC · drug addiction rehabilitation center의 지부 중 한 곳인 '일본 다르크'는 도쿄 신주쿠 요초마치 주택가에 자리하고 있다. 주택가일 뿐 아니라 명패를 크게 붙여 놓은 것도 눈에 띄었다. 우리 재활센터인 '서울 다르크'가 마약류 중독자에 대한 일반인들의 부정적 시선을 의식해 공공연히 존재를 드러내지 않은 것과는 사뭇 달랐다. 다르크 직원들과 인사를 하며 농담도 주고받는 이웃 주민의 모습도 볼 수 있었다. 이곳에서 중독자의 처지는 얼마간 떳떳해 보였다. 서울 다르크를 찾아갔을 당시 감지한 어딘가 숨어 지내는 모습이 떠올라 자연히 비교될 수밖에 없었다. 한국 입소자들은 주변을 경계하며 낯선 이의 시선을 피하는 듯했고, 한 중독자는 "중독이 심해질수록 (가족 등 주변에서 외면해) 처절히 외로웠다"고 전했었다. 한 사회가 약물 중독자를 어떻게 바라보는지를 여실히 드러내는 대목이다.

— 일본 가나가와현 가와사키의 민간 약물중독 재활센터 '다르크'의 입소자들이 2017
년 12월 26일 신년 맞이 대청소를 하던 중 사진 촬영 요청에 우스꽝스러운 포즈를
취하고 있다. 사진 안아람

　3층 건물에는 여러 공간이 한데 모여 있었다. 1층에는 다르크
의 설립자 곤도 쓰네오 씨의 사무실과 일본 다르크 본부, 2층에는
아시아·태평양 중독 연구소인 '아파리'APARI·asia pacific addiction
research institute 와 약물 의존 환자 치료 클리닉, 3층에는 일본 다르
크 입소자들이 낮 시간 동안 활동하는 데이 케어day care 공간이 있
다. 지하 2층은 입소자들을 위한 운동 공간으로 탁구대와 농구대
등 시설이 마련돼 있었다.

　나고야 지역에서 다르크 지부 두 곳을 운영하는 재일교포 2세
마쓰우라 요시아키 씨는 일본 다르크가 "약물 중독 재활에 관한 곤
도씨의 이상형에 근접한 모델"이라고 귀띔했다. 한곳에서 치료와

재활을 연계해 운영하는 시스템을 말한다. 다만 클리닉에서 이뤄지는 실제 치료는 다르크 측에서 관여하지 않고 의사에게 전적으로 일임한다.

성공 요인은 '기다림'

다르크는 곤도씨가 1985년 일본 최초로 개설한 민간 주도 약물 중독자 재활 시설이다. 마약류뿐 아니라 가스, 본드, 중독성 있는 제조약 등 여러 약물에 중독된 사람들을 받아 재활에 도움을 준다. 2000년 다르크 부속 연구소로 설립된 아파리는 범죄학 박사나 법률 전문가 등이 재활 프로그램을 연구하는 전문가 집단이다. 이들이 다르크의 활동을 이론적으로 뒷받침한다. 여기에서는 전직 판사나 변호사, 대학교수, 수사기관 관계자 등 전문가들이 약물 중독 개선을 위해 자원 봉사를 하고 있다. 오다 마코토 아파리 사무국장은 "'중독자를 형사재판을 통해 형무소에 보내는 건 사법 시스템의 실패'라는 어느 판사의 말에 동감하며, 중독자들이 처벌받지 않고 재활할 수 있는 제도와 프로그램을 연구·개발하고 있다"고 말했다.

일본 법무성이 발간한 자료를 보면 2017년 각성제(필로폰)와 대마 등 중독성 약물을 투여하다 형사처벌을 받은 이는 1만 5000여 명으로 인구 비례로 따지면 한국에 비해 낮은 편이다.

초기에 시행착오와 재정난을 겪었지만 힘겹게 버틴 결과 현재 일본 전역에 걸쳐 지부가 87곳으로 늘어났다. 이제는 경찰 등 수사 기관에서도 중독자에게 입소를 권유할 정도로 보편적인 약물 재활 시설로 자리 잡았다. 곤도씨는 "'다르크'는 일본에서 고유명사화됐다"고 했다.

자리를 잡는 과정에서 시설 임대료를 내지 못해 문을 닫을 뻔할 정도로 형편이 어려운 적도 있었지만 정부에 지원을 요청하지 않았다. 국가기관이 개입하면 중독자를 범죄자로 보는 정책적 틀 안에서 벗어날 수 없다고 판단한 것이다. '소망을 나누는 사람들'와 '서울 다르크' 같은 민간 재활 센터에 국가나 지방자치단체가 거의 지원하지 않는 한국의 실정과 비슷했다.

그럼에도 다르크는 현재 입소자가 1000여 명으로 늘어나는 등 확고히 자리를 잡았다. 다르크 관계자들은 성공 요인으로 '기다림'을 꼽았다. '도쿄 다르크' 운영을 맡고 있는 모리타 구니마사 씨는 이렇게 설명했다.

"약물 중독자가 한 번에 좋아진다고 생각하지 않는다. 다르크를 운영하는 사람과의 호응, 프로그램의 적절성도 중요하지만, 여러 상황이 결부돼 딱 맞아떨어질 때까지 다르크 십여 곳을 전전하는 사람도 있었다."

따라서 다르크 입소자를 일률적 프로그램에 맞추려고 하지 않는다. 참여자가 재활 의지를 갖고 자율적으로 동참할 때까지 강요하지 않고 기다린다. 다만 다르크에서 운영하는 'NA'narcotics

— 일본 다르크에 입소한 이들이 자신의 명함에 중독 때문에 겪는 어려움과 현재 상태를 적어 게시판에 붙여 놓았다. '불안' '환청' '고독' '슬픔' 등이 적혀 있다. 사진 안아람

anonymous · 익명의 약물 중독자 모임에는 주기적으로 참석하도록 조정한다. NA 모임은 중독자들이 각자 경험을 얘기하며 약을 끊을 결의를 다지는 모임이다. 다르크 설립 초기 멤버인 고다 미노루 씨는 NA 모임의 의미를 이렇게 말했다.

"아픔이 있는 사람들끼리 경험을 공유하는 일은 매우 중요하다. 중독자들이 다시 약을 하더라도 언제든지 돌아올 수 있는 마음의 고향 같은 곳으로 다르크가 자리 잡은 건 이 같은 프로그램의 힘이 크다."

이런 다르크에서 재활해 사회 복귀를 앞둔 입소자들이 상대적

으로 많은 지부가 가와사키 다르크였다. 그곳을 찾아가보니 사람들이 친구들 모임처럼 웃고 장난을 치는 등 분위기가 한층 유쾌하고 밝았다.

재정 부분은 일본의 사회복지 제도 때문에 극복이 가능했다. 일본 다르크는 기본적으로 입소자가 내는 돈으로 운영하고, 부족분은 헌금 등으로 충당한다. 지부에 따라 지방자치단체의 지원을 받기도 하지만 대부분 자급자족한다. 도쿄의 경우 기초생활수급자에게 생활보조금 7만~8만 엔(70만~80만 원)과 주택보조금 5만 3700엔(54만 원)이 지급되는데 이를 시설 운영비로 받는다. 세 사람이 생활할 수 있는 집의 월세가 12만~15만 엔(120만~150만 원)인 점을 감안하면, 기초생활수급자 세 명만 모이면 다르크가 운영될 수 있는 셈이다. 기초생활수급자가 최대 60만 원선의 기초생활수급 비용을 받고 방값이 비싼 한국에선 불가능한 이야기다. 두 나라 모두 중독자들에게 취업 기회가 많지 않지만, 일본에서 다르크가 자리 잡을 수 있었던 가장 큰 요인은 확충된 사회 안전망인 것으로 보인다.

다르크가 성공적으로 안착하기는 했지만 여성 중독자를 위한 재활 프로그램은 한국과 마찬가지로 열악하다. 일본 여성 중독자의 경우 가정 형편이나 경제적 어려움 때문에 중독되는 사례가 많다. 약을 끊었다 하더라도 육아와 직장 생활을 병행해야 하는 경우가 많아 재발 가능성이 높다고 한다. 중독 치료와 재활에 전념할 수 없어, 스트레스가 쌓이면 다시 약물을 찾게 된다는 것이다. 게다

— 편안한 공간을 만드는 데 우선 중점을 두는 '여성 다르크' 지부의 사무실 모습. 사진 안아람

가 중독 사실이 주변 사람이나 자녀에게 알려졌을 때 생기는 2차 피해에도 민감해 조심스러울 수밖에 없다.

일본에서도 '여성 다르크'는 센터의 위치도 알려지지 않았고, 주변 이웃도 다르크라는 사실을 모르도록 운영하고 있다. 가와사키의 여성 다르크에는 18명이 등록해 있었지만, 자녀가 방학해서 집에 있을 때는 절반도 참여하지 않는 경우도 있다. 여성 다르크의 운영자 야마다 기요미 씨는 "어머니인 중독자들이 많아 안정(cozy)에 중점을 두고 운영한다"고 말했다.

NA 참여(중독자): "난 처음엔 NA 참여를 거부했어. 치료 전문가들은 다른 중독자와의 관계를 끊으라고 하면서 또 그런 모임에 나가 만나라고 하니까 모순처럼 들렸어. 모임에 나가보니 회복 원리가 앞서기보다는 사람마다 권위를 앞세우는 분위기가 있었고. 모임을 장악하려는 소수의 사람들도 있고. 치료 공간에선 성원들에게 냉정할 정도로 동등한 위치가 보장돼야 한다고 생각해. NA에 가지 말라고 조언하는 사람의 판단도 틀린 건 아니야. 하지만 NA에 늦게 참여하는 바람에 회복이 늦어졌다는 것도 사실 맞는 경우가 있어."

30. "운영진의 자격은 약물 중독 경험자"

"저는 마약을 못 끊겠습니다."

1980년 11월 16일 일본의 한 법정에서 각성제 남용으로 재판을 받던 중 곤도 쓰네오 씨는 이같이 말했다. 부친상을 당했을 때도, 여동생이 결혼하는 날에도 투약할 정도로 각성제에 깊이 빠졌던 그는 혼자 힘으로는 도저히 약을 끊을 수 없을 것 같아 차라리 교도소에 들어가는 편이 낫다고 생각했다. 당시 곤도씨의 재판을 맡은 판사는 "선처하면 약을 끊겠다고 하는 사람들이 대부분인데, 못 끊겠다고 하는 사람은 처음 봤다"고 했다. 10여 년을 투약하다 처음 적발된 그는 실형이 아닌 집행유예 4년을 선고받았다. 곤도씨는 당시 받은 재판이 약물 중독자를 위한 시설을 만들어야겠다고 구상하는 계기가 됐다고 회상했다.

"당시 그대로 교도소에 들어갔으면 이후 투약과 투옥을 반복하다 결국 약 때문에 죽었을 겁니다."

— 일본 민간 약물중독 재활센터 '다르크'를 설립한 곤도 쓰네오. 사진 안아람

　우여곡절 끝에 1985년 도쿄 아라카와구의 한 낡은 건물을 빌려 '다르크'라 이름 붙이고 민간 약물중독 재활센터를 개설했다. 이후 시행착오를 거듭했다. 조금씩 틀이 잡혀가는 '알코올 중독자 관리 방법'에 따라 엄격한 규칙을 세워 적용하거나, 시설 입소자를 가르쳐 약을 끊도록 유도해봤지만 재발을 막기 어려웠다. 실패였다. 곤도씨는 이때 얻은 교훈을 말했다.

　"수년간 운영해보니 약물 중독보다는 약물 중독자의 사회적 '고립'이 더 근본 문제라는 사실을 깨달을 수 있었다. 재활이 어려운 건 그 때문이다. 중독자 본인이 스스로 잘못됐다는 걸 깨달을 때까지 '함께' 곁에 있어주는 게 중요하다는 교훈을 얻었다."

　　　　　　　　　　　　　30. "운영진의 자격은 약물 중독 경험자"

다르크의 기본적인 운영 개념이 이때 확립됐다. 약물에서 벗어나려 애쓰는 중독자를 돕고, 도움을 받은 이가 이어서 다른 중독자를 돕는 '상부상조'가 핵심이다. 약물을 경험하지 않은 이를 뽑아놓으면 약물 사용이 잘못됐다고 가르치며 고치려 하거나 다시 약물에 손댄 자를 용서하지 않았다. 그래서 다르크 운영진은 약물 중독 경험자로만 뽑았다. 입소자들은 은연중에 "운영자도 끊었으니 나도 할 수 있다"라는 생각을 갖게 된다고 했다. 곤도씨는 "다르크는 약을 그만둔, 약을 그만두고 싶어하는 '동지'들이 있어 다시 투약하더라도 언제든 찾아 기댈 수 있는 곳이 되도록 했다"고 말했다. 또 "(약물 유경험자가 아니면) 도쿄대를 나와도 다르크에 들어올 수 없다"고 우스갯소리를 곁들였다.

곤도씨는 이제 다르크의 기조가 된 생각을 강조했다.

"약물 재활에서 가장 중요한 건 일반인의 시선이 아니라, 약물의 폐해를 경험하고 이를 극복하려고 하는 사람들의 입장에서 함께하는 것이다. 무엇보다도 약물 중독자를 범죄자가 아닌 환자로 보는 사회적 인식이 필요하다."

다음은 곤도씨와의 인터뷰 내용이다.

다르크를 만든 계기는?

다르크는 무엇보다 당사자들의 활동으로 움직인다. 일반인은 약물 중독을 이해하기 어려우니 약물 중독 경험자가 실무진이 되는 것이 낫다고 생각했다. 우리는 다르크 참여자들을 조직화하려는 것이 아니다. 개별적이고 독립적인 구성원들로 이뤄지고 각자의 자율성을 중요시하기 때문에 하나의 조직으로 규정하려 하지 않는다.

시작은 어떠했는가?

처음에는 알코올 중독자와 약물 중독자들이 섞여 있었는데 나중에 약물 중독자 수가 늘었다. 시작할 당시 멤버 수는 기억나지 않지만 시작하고 3개월 정도 지났을 때 10여 명이 있었다. 정부 지원은 생각하기 어려웠다. 국가가 범죄자들을 대상으로 세금을 쓰지 않을 거라고 판단했다. 약물 중독자에 대한 당시 일반 국민들의 시선은 자업자득이라는 시선이 많았기 때문에 기대도 하지 않았다. 게다가 국가 지원을 받게 되면 그 대가로 뭔가 해야 할 거라 생각했다. 지원받은 만큼 일정한 실적을 내야 하니까. 그럼, 정부의 구속력과 통제력이 커질 테고, 그렇게 되면 우리가 생각하는 다르크의 기본인 '보호'가 취약해질 거라 생각했다. 다르크에 투약자가 찾아와도 우리는 신고하지 않는다. 이곳은 '쉼터'라는 이미지가 강하다. 의존자의 가족이 곤란해지는 경우도 생긴다. 가족 입장에서는 약에 취한 의존자를 신고하지 않고 이곳에 보내는 것도 불법이 아닌가 하는.

다르크의 기본 취지는 보호와 재활인가?

기본 개념은 괴로운 약물 중독자를 도와주고 한번 도움을 받은 이는 다시 다른 의존자를 돕는 형식이 릴레이처럼 유지되는 것이다. 그게 가장 중요하다. 다르크 관계자는 전부 약물 중독 유경험자고, 아파리는 연구 인력이라 비경험자다. 우스갯소리로, 동경대를 나와도 비경험자라면 다르크에는 못 들어간다고 한다. 그래서 이걸 조직으로 생각하면 안 된다는 거다. 유경험자들의 자발적 도움이라고 보는 게 맞지, 조직이라고 보면 안 된다는 거다.

다르크 참여자들은 어떻게 모으나?

다르크 졸업생들이 솔선수범한다. 자신의 고향인 지역사회로 돌아가서 지부를 만드는 경우가 많다. 다르크 본부에선 특정 지역에 다르크가 집중되지 않도록 조율하는 정도로 지역 안배만 할 뿐 크게 관여하지 않는다.

다르크에서는 기본적으로 중독자를 범죄자로 보지 않고 병자로 본다. 이곳에 오는 사람들은 겉으로 봤을 때는 일반인처럼 보이지만 정신적으로 문제가 있는 경우가 많다. 망상이 있거나 착란을 일으키기도 한다. 결국 같은 경험을 해보지 않은 사람은 그들을 이해하거나 돕기 어렵다고 본다.

시설 운영 비용은 어떻게 마련하는가?

지부마다 운영비 정책이 조금씩 다르지만, 대체로 당사자들이 낸 돈으로 운영한다. 다르크가 30여 년 지속할 수 있었던 배경에는 다르크의 정책을 좋아하는 많은 사람들이 도움을 준 것이 있다. 판사나 변호사, 대학교수 등 전문직에 종사하다 은퇴한 이들이 싱크탱크인 아파리에서 자원 봉사를 한다. 한때 검경에서 마약수사관으로 일했던 이들도 참여한다.

한국에선 마약 중독자가 취업이 어려워 각자 돈을 내기가 어렵다. 일본은 어떻게 가능한가?

일본도 그건 마찬가지다. 10대, 20대처럼 어린 나이에 약물을 시작하는 경우가 많다. 평균 연령 14세에 시작한다고 보고 있다. 약물 생활을 오래하다 보니 사회 규범 같은 것을 잘 모르고 되고 자연히 사회 적응이 쉽지 않다.

다행히 생활보호제도가 있어 일정한 수입이 생긴다. 다르크는 본래 벌이가 있는 입소자한테만 돈을 받는다. 그래서 재정이 어려운 게 현실이다. 돈이 없는 사람은 기초생활수급비로 받은 돈에서 일정액을 낸다. 그들이 낸 돈을 다르크 스태프가 관리한다. 금액이 부족하면 지역사회에서 헌금이나 모금 등을 통해 조달하기도 한다.

30. "운영진의 자격은 약물 중독 경험자"

자조 모임(NA)이 중요한가?

그렇다. 우리 활동의 핵심이다. 약물 중독은 만성 질환이기 때문에 NA에 참여하면서 도움을 주고받는 관계를 계속 유지해야 한다

31. 치료적 환경
_ 원유수 '서울 다르크' 시설장 인터뷰

우리나라에서는 '서울 다르크'가 '소망을 나누는 사람들'과 마찬가지로 중독 치료에서 직업 재활에 중점을 두고 있다. 이곳의 시설장인 원유수(52세) 씨 역시 과거 중독자였다. 그는 2012년 '일본 다르크' 회원들이 모금한 3600만 원을 지원받아 국내에 센터를 설립했다. 원시설장은 약을 끊으려면 동기가 필요하고 이때 직업을 갖는 것이 중요한 역할을 한다고 했다.

"마약류는 중독성이 강하기 때문에 재발하는 일 없이 완전히 근절할 수는 없다. 직업을 갖고 돈을 버는 과정을 통해 자신에게서 잃으면 안 되는 것들을 늘려가야 한다."

서울 다르크 역시 운영에 어려움을 겪기는 마찬가지다. 서울시에서 일정 금액을 지원받는 것은 원시설장이 약을 끊고 사회복지사와 약물재활복지사 자격을 취득한 경력에 따른 것이다. 게다가 주변의 냉소적인 시선 때문에 드러내놓고 재활 공동체를 운영할 수도 없어 조그만 원룸을 얻어 소규모로 운영한다. 현재 한국에는 다르크가 이곳 하나뿐이다. 다음은 그와의 인터뷰를 정리한 내용이다.

미국식 치료 공동체 모델은 일단 자본이 필요하다. '케이스 워커 case worker'라고 하는 사회복지사 직원이 중독자 다섯 명 정도를 관리한다. 일본식 모델은 소자본으로도 가능하고 지역 침투형이다. 우리가 원하는 쪽은 후자다. 사회생활을 바로 시작하라고 권한다. 미국의 치료 공동체인 '데이 탑 빌리지Day Top Village'는 어떤 의미에서는 훈련형이다. 규율이 엄한 대신 인센티브가 많다. 약물 중독자가 제일 힘들어하는 것은 아침 6시 30분에 기상하는 것이다. 침실에 들어가지 못하게 하고 거실에서 생활하게 한다. 낮 시간에 거실에서 눕거나 하면 사유서를 써야 한다. 그래서 일정한 체력이 밑바탕이 돼야 공동체 생활을 할 수 있다. 그렇게 훈련이 된 사람에게 그룹홈에 들어갈 자격이 주어지고 그다음 직업 재활이 시작된다. 아침부터 같이 하루를 풀어나가고 저녁에 미팅하고, 월별, 분기별로 진척 과정을 체크한다.

우리는 사회적 기업이나 사회적 협동조합을 운영할 여건이 되지 않는다. 정부는 알코올 중독자가 30만~40만 명, 게임 중독자가 30만 명, 도박 중독자가 20만 명, 마약 중독자가 1만 4000명 정도라고 한다. 마약 쪽은 검거 기준으로 계산하기 때문에 다른 중독과 비교하면 수가 적어 보인다. 사실 전혀 그렇지 않다. 정부는 마약 공급 억제 위주 정책에서 한 발짝도 움직이지 않으니 이를 이해하지 못한다.

익숙한 환경에서 벗어나 타지에서 치료

약만 끊는다고 해서 회복이 되는 게 아니다. 회복은 그게 아니다. 약을 끊을 뿐 아니라 자존감까지 올리는 것이 회복이다. 그런 동기가 부여되지 않으면 돈 문제 앞에서 좌절을 겪고 스트레스를 받는 대로 바로 약 생각이 난다. 중요한 것은 다시 투약할 환경으로 돌아가지 않는 일이다. 투약을 유발하는 환경에서 벗어나서 치료적 환경으로 옮겨와야 한다.

재발할 가능성을 늘 염두에 두고 아예 투약할 환경에 발을 들이지 않는 것을 중요시한다. 지금의 치료적 환경을 떠나지 않고 계속 유지하는 것은 만만치 않은 일이다. 입소자들과 함께 부산을 갔을 때의 이야기다. 서면을 다녀오는 길에 네온사인이 반짝거리는 거리를 지나게 됐는데 이들의 눈빛이 한순간 바뀌는 것이 보였다. 다들 맥도날드에 가서 햄버거 하나씩 먹자고 하는 것을 만류하고 일단 그곳을 벗어났다. 그들은 지난날 그런 환경에서 약을 접했던 것이다. 비 오는 날 특정 노래에 마음이 꽂히듯이, 자기가 약을 했던 거리, 장소와 다시 마주치면 유혹을 이겨내기 어려워진다.

일본 다르크 측은 이런 환경 요소를 중요시해 현실적인 대응책을 세운다. 오키나와에서 입소하는 사람은 멀리 홋카이도 지부로 보내는 식이다. 나고야에서 살았던 사람은 도쿄 지부로 옮겨간다. 그동안 살던 지방을 떠나 완전히 다른 환경에서 시작하라는 방침이다. 인천에서 서울로 옮기는 정도의 거리도 가깝다. 교도소에서 방을 옮기는 정도밖에는 안 된다. 자기가 자라난 환경에서 벗어나는 일이 우선 필요하다. 익숙한 환경에 그대로 계속 머물면 약을 끊는 길은 요원하다. 하루빨리 치료적 환경으로 옮겨가는 것이 시급하다.

직업을 선택할 때도 일본 다르크에는 규칙이 있다. 특히 밤에 하는 일, 현금 만지는 일 등을 금지한다. 밤에 카페에서 알바를 하는 일이 잘못된 것이 아니라 그런 환경이 중독자의 회복에는 좋지 않기 때문이다. 중독자 자신은 처음에는 환경의 중요성을 바로 이해하지 못한다. 대부분 주위 환경이 아니라 자신의 처지를 탓한다. 그동안 경험에 비춰 자신의 처지 때문에 약을 할 수밖에 없었다고 생각한다. 하지만 상황에 몰려서 약을 한 것도 있지만 환경이 미치는 영향이 더 크다.

회복자라면 NA와 연결 유지해야

마약 중독은 치료가 되지 않는다기보다는 진행성 질병이므로 관 뚜껑 덮어봐야 안다고들 한다. 그래서 우리끼리 인사할 때는 "회복했다"고 말하지 않고 "회복 몇 년차입니다. '클린 타임'(약을 끊은 기간)이 어떻게 되십니까" 이렇게 얘기한다.

알코올 중독자 자조 모임인 AAalcoholics anonymous에는 익명성이 자리 잡혔다. 평택 이씨, 목동 김씨, 이런 식으로 자신을 소개하면서 적당한 거리를 유지한다. 너무 가까워져서 마음 터놓는 사이가 되는 건 이 분야에선 별로 기꺼운 현상이 아니다. 아직 회복되지 않은 사람들끼리 만나 '야, 자' 하고 속마음을 트다가 둘이 한꺼번에 넘어지는 경우가 생긴다. 적당한 거리가 필요하다. 서로 음료수를 뽑아주는 것도 안 되고 담배를 함께 피우는 것도 금지된다.

우리나라에서 마약 중독자 자조 모임인 NA는 쉽지 않다. 교도소 선후배, 건달 선후배 등 상하 관계를 정하는 버릇이 있어서 NA에서 서로 경어를 쓰고 독립적인 관계를 유지하라고 하면 반발이 심하다. NA에서 익명성을 유지하는 건 회복과 치료에는 평등한 관계가 필수적이기 때문이다.

그래서 일본 다르크에서는 성공한 퇴소자 여부를 회복이나 재발로 따지지 않고 그 사람이 NA와 계속 연결되어 있는지로 결정한다. 재발 유무와는 상관없다. 회복하는 환경이 어떤 것인지 한번 알게 된 사람은 재발해도 빨리 센터로 찾아온다. 이 간격이 길지 않다. 재발했다고 보름씩, 스무날씩 혼자 숨기다가 육체가 망가진 뒤에야 병원에 실려 가거나 경찰에 잡혀가거나 하는 경우는 회복 시스템이 생긴 것이 아니라고 본다. 성공한 퇴소자는 재발하는 즉시 센터로 전화를 해서 함께 대책도 강구한다. 그래서 재발도 치료의 한 과정이라고 NA에서는 얘기한다. 재발 속에 고뇌가 담겨 있고,

고뇌 속에서 자신이 잃을 것을 생각할 줄 안다. 가족이거나 돈이거나. 그런 식으로 고뇌에 대처하고 딛고 일어서는 방법을 찾아간다.

치료적 환경에 대해 말하면, 일본 다르크엔 낮에 모일 수 있는 쉼터, 우리나라 노인들이 복덕방에서 모이듯이 그런 중독자들을 위한 공간이 많다. 입소자는 다르크의 규칙에 따라 먹고 자고 미팅에 참여하며 움직이는데, 입소하지 않는 이는 이런 주간 프로그램에만 참여한다. 낮에 와서 사람들과 어울리다가 저녁 미팅까지만 같이 하고 자기 집으로 돌아가는 식이다. 일본은 치료적 환경이 거의 완성된 상태라 할 수 있다.

32. 마약 전담 수사기관 또는 마약법원

"그렇다면 우리나라의 마약범죄 수사, 투약자 사법 처리, 재활 프로그램이 어떤 식으로 바뀌어야 하나요?"

이런 질문에 명쾌한 답을 제시하기는 쉽지 않다. 국내 법 체계, 마약에 대한 여론, 전문 인력, 예산 등 감안해야 할 요소가 많다. 그렇다고 해외 사례를 무작정 따라하다가는 탁상공론에 그칠 여지가 있다. 각 영역의 전문가들은 '전문성'과 '컨트롤 타워' '사회 복귀가 가능한 재활 시스템' 셋을 필수적으로 갖춰야 한다고 보았다.

우선 수사 체계를 일원화하고 전문화해야 한다는 주장이 나온다. 법제처장을 역임한 정선태 변호사는 별도의 수사기관을 언급했다.

"미국의 연방마약수사국(DEA)을 모델 삼아 법무부 산하에 별도의 특별 수사 조직을 만들어 운영할 필요가 있다. 그래야 진화하는 마약범죄에 대응할 수 있다."

미국은 연방 행정기관 산하에 마약범죄에 특화된 수사기관인 연방마약수사국뿐 아니라, 식품·환경·세금·국토안보 등 각 분야에 전문 수사기관을 만들어 해당 범죄에 대한 전문 인력을 확보하고 있다. 정변호사는 대검찰청 마약과장과 서울지방검찰청 마약수사부장 등을 지내며 20여 년간 마약 수사를 담당하는 동안 전문 수사기관의 필요성을 절감했다고 한다. 단순 투약자를 검거해 실적을 올리려는 일선 수사기관의 행태에서 벗어나 상선과 마약 조직을 소탕하는 데 중점을 둬야 한다는 것이다.

"과거와 달리 무인 택배나 인터넷을 이용한 기법이 늘어나고 마약 자금을 세탁하는 방법도 워낙 정교해져 이젠 대응책도 달라져야 한다."

안 그래도 최근에 대검찰청이 법무부에 '마약청'을 신설할 것을 건의하면서 마약 전담 수사기관을 만드는 논의가 활기를 띠고 있다. 경찰이나 검찰의 내부 조직이 아니라 별도의 외청에 마약범죄를 전담하게 함으로써 그동안 검경 간 연계 수사에서 나타난 한계를 극복하겠다는 생각이다. 문무일 검찰총장도 자체 개혁안을 말하는 기자회견에서 마약범죄 같은 분야에 대한 직접수사 권한을 검찰청 외부 기관으로 넘기겠다는 구상을 밝혔다.

사법부 내에서도 법원의 변화를 요구하는 목소리가 많다. 지금처럼 처벌 위주 재판이 아닌 치료와 회복에 중점을 두는 '해결자' 역할을 법원이 해야 한다는 것이다. 법원에서 오랜 기간 마약 사건을 다뤄온 박주영 울산지방법원 부장판사는 이렇게 지적했다.

"지금처럼 법원이 엄벌주의 기조로 죄에 대해 판단하는 역할만 한다면 중독을 치료하기는커녕 재범 가능성만 높일 수 있다. 법원이 '치료 사법' 측면에서 접근할 필요가 있다."

예컨대 미국식 마약법원처럼, 통상적인 형사재판을 진행하는 대신 판사의 감시하에 치료를 받도록 유도하는 방법이 그 대안이다. 법원이 형벌을 선고하기 전, 중독자에게 치료를 명령하고 이를 제대로 이수하고 약을 끊는 데 성공한다면 처벌을 면하게 해주는 식이다. 물론 중독자가 치료 프로그램에 충실하지 않으면 구속하거나 기소를 개시하게 한다. 실제 미국은 단순 투약자 재범률을 낮추고 형사소송 비용을 절감하는 효과를 봤다고 한다. 어쨌든 검찰은 치료에 대해 부정적인 기조를 유지하다 보니 법원이 직접 치료 과정을 감독하는 것이 중독자에게는 여러모로 도움이 된다.

하지만 박부장판사도 "치료와 재활과 관련한 인프라가 준비되지 않은 상태에서 무작정 이런 식의 사법 시스템을 도입한다면, 원래 목적인 '치료'는 요원할 수 있다"고 했다. 정부든 민간이든 마약 중독자를 치료할 지식, 병원, 프로그램, 전문가 인프라를 우선 확충해야 한다는 지적이다. 윤현준 전 한국마약퇴치운동본부 재활센터 실장은 이런 의견을 냈다.

"현재 국무총리실 산하에 운영하는 '마약류대책협의회'에선 부처별로 각각 단속 강화, 홍보, 예방 등 계획을 세울 뿐 치료와 재활을 위한 내실은 기하지 않고 있다. 민간의 치료·재활 전문가를 위원장으로 두는 정부 기구를 만들어 법률 상담과 치료, 재활, 취업 프로그램을 통합 관리하는 방법을 강구해야 한다."

중독 원인 제공자 처벌(중독자): "특히 처음 마약을 권유하거나 준 사람, 즉 중독의 원인을 제공한 사람을 엄중히 처벌해야 해. 만남 채팅 등 SNS상에서 접근해 올 당시부터 애초 중독되게 만들 사람을 찾고 있었던 거야. 마약에 대해 상대방에게 피로 회복이나 다이어트에 도움 된다는 식으로 정확한 정보를 주지 않는 점이 그래. 상대의 결정에 부당한 영향을 끼친 거지. 플리바기닝(범죄자가 자신의 죄를 인정하거나 자백하면 형벌을 감해주는 유죄 협상 제도)에서도 이런 행위를 한 교부자나 판매자는 제외해야 하고."

33. 출소자 재활 공동체에서 보름 합숙

"투약을 하다 보면 온전한 사회생활을 하기는 어려우니까 처절하게 외로워져. 내 곁에 남는 건 약밖에 없으니까. 재활 공동체가 그런 사람들을 외롭지 않게, 정상적으로 사회생활을 할 수 있게 돕는 거지. 정부는 사람을 잡아넣는 것밖에 안 해."

이 모(43세) 씨는 필로폰 투약을 하다 망가진 자신의 삶을 후회하며 간절히 사회로 복귀하기를 원했다. 하지만 주위에서 아무런 도움을 받지 못했다. 결국 약을 끊는 데 성공한 '선배'들이 운영하는 극소수의 민간 재활 공동체에 의지할 수밖에 없었다. 신용원 목사가 운영하는 '소망을 나누는 사람들'이 대표적인 재활 공동체다. 여러 중독자들이 이곳에서 재활 의지를 다지고 있다.

20년 전 마약류를 끊은 신목사는 중독자들이 신앙생활에 기반해 중독을 견뎌내고 직업 재활을 거쳐 자립할 수 있도록 돕고 있다. 직업교육을 진행하거나 일자리를 소개하기보다는 직접 중독자들과 함께 직업 재활 사업을 전개해 경제적으로 독립할 수 있게 한다.

그러나 현실적인 벽을 넘기는 여전히 쉽지 않다. 그간 '소망을 나누는 떡집' '고추장에 빠진 돼지' '보리떡 다섯 개' 등 사업을 운영했지만, 영세 사업체나 다를 바 없어 판로를 개척하는 데 어려움을 겪었다. 현재는 인천 시내버스 정류장 등에 영상 광고판을 부착하는 사업을 하고 있다. 신목사는 중독자의 재활에 정부가 제 역할을 해야 한다고 강조했다. "모든 권한을 가진 정부가 마약 중독자의 치료와 재활을 등한시하면서 민간 활동에 일절 지원하지 않고 있다. 중독자들이 우리 사회의 구성원으로서 자리 잡을 수 있도록 정책적·경제적 지원을 해야 한다."

'소망을 나누는 사람들'은 인천 구월동에서 2001년부터 출소자 재활 공동체를 운영하고 있다. 어쩌면 그들은 마약 중독을 벗어나 경제적으로 자립하려는 이들이 서로 의지하는 이곳에서 매일 업보처럼 신화 속 시시포스의 돌을 밀어 올리고 있는지도 모른다. 물론 돌의 무게는 그들 스스로 만든 것이다. 공동체는 모두 마약을 한 사람들이라는 동질감 속에서 마음을 열 수 있다는 점에서 NA 모임과 취지는 비슷하지만, 함께 생활공간을 공유하고 일거리에 참여해 재기의 발판을 삼게 한다는 점에서 실천적인 대안 프로그램이다.

저자 중 한 명이 이들 사이에 끼여 함께 먹고 자며 보름을 보냈다. 편견의 더께를 조금이나마 벗겨낸 눈으로 그들의 관점에서 세상을 바라보고 싶어서였다. 그들은 그저 인생의 낙오자이거나 피해야 할 범죄자일 뿐인가, 다시 우리와 어울려 사는 방법은 없는가, 재활은 어떻게 이뤄지는가, 재활을 막는 장애물은 무엇인가. 수많은 질문을 안고 그들과 호흡했다. 보름이라는 짧은 시간이 명징한 답을 주지는 않았다. 다만 그들과 현재까지도 지속적으로 연락을 취하며 변화된 모습을 살펴보고 있다. 그 끝이 성공일지 실패일지는 장담할 수 없다.

신용원 목사가 공동체를 이끌고, 진선규 목사가 곁에서 돕고 있다. 신목사를 제외한 공동체 일원은 가명을 썼고, 정확한 날짜는 적지 않았다.

1일차: 마음을 독하게 먹고 합숙 시작

"마약에 손을 댔다가 최근 교도소에서 출소한 지인이 있어요. 그 사람도 이곳에 머물게 하고 싶은데, 가능해요?"

합숙소에 들어온 지 두 달이 된 김용훈(44세) 씨가 교회 사무실에서 물었다. 신목사도 그 사람을 아는 눈치였다. 아직 마약을 끊지 못한 사람으로 얼마 전에도 재발한 전력이 있는 모양이었다. 신목사가 답했다.

"지금은 못 받아. 성원 중에 의지가 약한 사람이 있으면 다른 사람들까지 힘들어지고 물들 수 있어. 우리는 작은 틈만 생겨도 크게 흐트러질 수 있어. 자기 스스로 깨달아서 준비가 될 때까지 기다려 봅시다. 용훈씨도 고향에 내려갈 생각을 하지 말고 꼼짝 말고 여기 있어. 고향에 가면 바로 마약 생각날 거야."

신목사가 공동체에 대해 내게 이것저것 설명했다.

"이곳은 마약 중독을 치유하기 위한 신앙 공동체입니다. 중독자에게 일자리를 마련해주어 재활을 돕고, 가족들과 함께 예배하고 대화하며 치유를 도우려 합니다. 매주 교회에 모여 서로의 절망과 희망을 공유하는 건 필수 행사입니다. 마약을 끊기로 굳게 결심한 사람들은 교회 인근에 마련된 숙소에서 정해진 일정에 맞춰 합숙 생활을 합니다."

신목사 역시 마약을 경험했지만 신앙의 힘에 기대어 끊는 데 성공한 사람이다.

용훈씨는 교회 근처에 마련된 직업 센터인 '야긴 앤 보아스'(솔로몬 성전 입구 좌우 두 기둥의 이름에서 따옴) 사무실로 이동했다. 이 회사는 유동 인구가 많은 버스 정류장이나 횡단보도에 영상 광고판을 부착하는 일로 수익을 낸다. 투약 경험자 다섯이 근무하고 있는데 용훈씨도 이곳에서 일하며 급여를 받을 예정이다.

저녁 8시쯤 용훈씨는 예배에 참석했다. 참석 인원은 총 일곱 명이었다. 일부 투약자 가족을 제외하면 예배에 참석한 사람들 모두 마약이라는 공통점을 갖고 있다. 2시간쯤 이어진 예배와 친목 시간이 끝나자 용훈씨는 공동체에서 직업 재활을 이끄는 최동운 이사와 인근 공원을 찾았다.

시계는 밤 10시를 가리켰지만, 둘은 40분간 쉬지 않고 달렸다. 최이사가 속 깊은 이야기를 꺼냈다.

"나, 있잖아. 장모님 생신 잔치 때도 옷 갈아입으러 다녀온다고 해놓고 마약을 하고 들어간 사람이야. 그때 큰애는 틱 장애, 작은애는 자폐증이 있었어. 가족이 병든 건 전부 내 탓이야. 아빠가 맨날 집에 없고, 집에 있더라도 멍한 모습이고, 그러다가 또 없어지면 감방에 간 것이고. 이런 모습을 보다 보니 가족이 집단적으로 병든 거지. 가족의 병은 생각보다 깊어서 금방 치유되지 않아. 차라리 회복 기간에는 가족과 떨어져 지내는 게 더 나을 수도 있어. 아내는 나 때문에 대인기피증에 걸렸어. 동네 사람들도 내가 뭘 하는지 다 알잖아. 어느 날 내가 안 보이면 감방에 간 것이라고 짐작하고 멀리서 아내를 보며 혀를 차고 그랬나 봐. 그래서 언제부턴가는 낮에는 집에 있고 밤에만 외출했다고 하더라."

용훈씨는 잠자코 듣고만 있었다. 최이사가 말을 이어갔다.

"그러다가 내가 회복하고 나니까 가족도 달라졌어. 큰애는 장애가 없어지고, 작은애도 활발하게 잘 돌아다녀. 아내도 마음의 상처가 조금씩 치유되고 있어. 그렇게 극복해가는 거야."

용훈씨는 여전히 멍한 표정이었다. 부끄러운 과거를 털어놓으며 아픔을 공유하고자 하는 최이사의 속마음을 모르는 걸까. 그만 들어가 자겠다며 자리에서 일어났다. 숙소로 돌아가는 그를 보며 최이사가 내게 말했다.

"용훈씨 같은 중독자가 이곳까지 스스로 찾아왔다는 건 굳은 결심을 한 겁니다. 그런데 약을 끊기가 말처럼 쉽지 않죠. 유혹에 져서 공동체 생활을 포기하고 돌아가는 경우도 많아요."

용훈씨는 과거 한 차례 공동체에서 생활하다 참지 못하고 뛰쳐나갔다가 이번이 마지막이라는 생각으로 다시 입소한 경우다. 낮에 센터 사무실에서 그와 나눈 대화가 생각났다.

2년 전 일곱 살 먹은 딸이 자기 앞에서 "왜 그렇게 살아. 죽고 싶어"라고 말했을 때 큰 충격을 받았다는 이야기. 그길로 집을 나가 마약에 다시 손을 댔다고 한다. 마약을 하고 집에 들어오면 설사 정신이 들더라도 감각이 지나치게 예민한 상태가 돼서 가족들에게 늘 조용히 하라는 말을 했다. 주위에 지인들이 하나둘씩 떠나가고 자신의 삶이 무너지는 걸 보고만 있기가 견딜 수 없었다. 예전의 자신과 비교할수록 현재 자신 모습이 너무 초라해 보여 우울증이 생겼다.

나는 걱정됐다. '용훈씨가 과연 공동체 생활을 유지할 수 있을까?'

3일차: 누가 찾아왔다

매주 한 번씩 저녁 7시에 열리는 공동체 모임의 날이다. 한 중년 여성이 눈에 띄었다. 처음 이곳을 찾았다고 했다. 떨리는 목소리로 사

— '소망을 나누는 사람들'의 교회에서 투약자와 가족들이 예배에 참석해 서로의 절망을 공유하며 치료에 힘쓰고 있다. 사진 박재현

람들 앞에서 입을 열었다.

"스무 살 된 딸이 필로폰을 하는 남자를 만나다가 그만 단기간에 고용량을 투약하게 됐어요. 현재 폭력성이 심해져서 정신병원과 집을 오가며 치료받고 있어요. 의사 선생님이 그렇게 말하더라고요. 다시 마약을 하고 싶은 생각이 날 때는 이미 늦은 것이라고. 기미가 있을 때 스스로 와서 입원할 수 있어야 한대요. 그리고 규칙적인 생활을 하는 게 중요하다고 했어요. 아침에 일찍 일어나 학교에 가듯 하루 일을 시작해야 하고, 하루 중 허비하는 시간이 없도록 스케줄을 꽉 채워서 활동해야 한다고요."

특히 딸이 정신과 치료를 받아도 집 안에서 혼자 멍하니 망상에 빠져 있거나 폭력적 언행을 한다고 말할 때는 울음을 터뜨렸다. 듣고 있던 사람들이 한마디씩 거들었다. 지난날 약을 한 경험이 있는

33. 출소자 재활 공동체에서 보름 합숙

선배의 입장에서. 먼저 신목사가 나섰다.

"마약에서 벗어난 사람과 그러지 못한 사람의 차이는 딱 하나예요. 일상이 공동체 생활 안에 있어야 약에서 벗어날 수 있어요. 정신과 차원에서는 이 문제를 치료할 수가 없어요. 그들이 말하는 건 행동심리학에서 주장하는 치료 논리와 똑같아요. 마약을 하면서 형성된 문화와 정서를 다른 일에 집중하게 만듦으로써 그 패턴을 바꿔주면, 마약을 멀리하게 된다는 거예요. 한 가지 여쭤볼까요. 마약을 몇 번 하면 중독될 것 같아요? 맞아요. 한 번 하면 바로 중독됩니다. 마약을 처음 했을 때의 그 느낌을 지울 수 없다, 이게 핵심이에요. 그 최초 경험 자체가 병증이자 중독이에요. 생활 패턴을 바꾼다고 마약 한 경험을 치료할 수 있는 게 아니에요. 그냥 잠시 잊고 새로운 놀이에 몰두하는 것이나 마찬가지예요.

10년 동안 투약을 중단해온 사람은 본인이 약을 끊었다고 생각해요. 그런데 그때 필로폰 주사를 맞는 일이 벌어지면 도로 10년 전 상태로 돌아가버려요. 이런 치료 방식은 아무런 의미가 없어요. 각인된 생각을 그대로 두고 다른 것에 집중하게 만드는 것, 다른 관념에 빠지게 할 뿐이죠. 그동안 약을 하고 싶은 갈망이 둔화되는 거예요. 공을 차는 걸 좋아하던 사람이 골프를 치기 시작하면서 공을 찼던 기억을 잊는 것과 같죠. 공을 찰 때의 즐거움을 잠시 잊는 것에 불과합니다."

평소 조용히 듣기만 하던 용훈씨도 한마디 거들었다.

"멍하니 망상에 빠져 있는 건 다시 약을 해서 그런 것일 수도 있어요."

중년 여성은 2시간 넘게 딸의 상황을 설명했고, 다른 사람들은 자신들의 경험담을 토대로 조언을 건넸다.

"우리가 볼 땐 딸의 중독 상태가 생각보다 심각해 보여요."

"그래도 이곳까지 찾아와 도움을 요청하는 엄마를 뒀으니 딸이 극복할 가능성은 충분합니다."

다들 가능성이 현실이 되기를 염원하며 모임을 끝냈다.

4일차: 사랑하니까 멀어져 지내는 가족

용훈씨와 숙소에서 아침을 대충 때웠다. 주방에 작은 밥상을 펴놓고 둘러앉아 냉장고에서 꺼낸 김치와 두부를 먹고, 계란 프라이를 해서 먹었다. 우리가 머무는 숙소는 16제곱미터, 10제곱미터 남짓한 방 두 개가 전부였다. 큰방은 진목사가 쓰고, 작은방은 숙소 생활이 필요한 출소자들이 사용한다. 두 평 남짓한 작은방은 두 명이 누우면 꽉 차서 돌아누울 여유가 없었다.

아침 8시에 일어나 일터로 나가면 오후 6시 30분쯤 숙소로 돌아온다. 간단히 저녁식사를 먹은 뒤 저녁 8시에 근처 '소망을 나누는 사람들'의 교회에서 열리는 예배에 참석하고, 밤 9시 30분까지 공동체 모임에 참여한다. 집에 다시 돌아오는 대로 바로 체육복으로 갈아입고 동네 공원으로 나가 밤 11시까지 달리기를 한다. 이 생활을 매일 반복하는 이상 집은 잠깐 들어가 밥을 먹고 잠을 자는 곳이나 다를 바 없었다.

매일 아침 업무를 시작할 때도 센터 사무실에서 자체적으로 예배를 드렸다. 하루에 성경 한두 장씩 낭독했고, 어제오늘 느낀 바와 일하며 겪은 생각을 서로 공유했다. 센터는 일단 새로 들어온 용훈씨를 교육하는 데 초점을 맞춰 움직였다. 용훈씨는 오전 일찍 인천 시내 도로로 나가 기존 가판대를 철거하고 디지털 광고판이 달린 새 가판대를 설치하는 일을 맡았다.

"전기 설비 쪽은 부장이 맡기로 했으니, 용훈씨는 전동 드릴로 가판대 나사를 풀어요."

일을 하는 중간중간 이사와 부장이 새로운 업무를 가르쳤고, 용훈씨는 잘 따랐다. 처음 며칠은 낯가림이 심했지만, 일이 익숙해진 뒤에는 한결 편안해 보였다. 차츰 내 앞에서도 입을 열고 지난날을 털어놓는 일이 생겼다.

"필로폰으로 걸린 게 일곱 번쯤 될 걸. 징역을 산 기간만 4년이야. 20대, 30대 땐 마약이라면 악마에게 내 인생을 바칠 수도 있을 것 같았지."

최근까지 징역을 살다 나온 용훈씨는 아내와 가족이 기다리는 부산에 가고 싶지만 아직은 갈 수 없다고 했다.

"빨리 가고 싶지. 근데 '네 죄에서 자유로워지지 않으면 절대 가족들 옆으로 갈 수 없다. 가족의 상처만 커진다'는 신목사님의 말에 공감해. 우선 혼자 힘으로 자립해보려고 여기에 들어온 거야."

마약을 끊으려는 사람에겐 환경이 가장 중요한 법이다. 부산에 가면 어울리는 사람들이 죄다 마약을 하는 사람이라 타지에서 공동체 생활을 하는 게 더 낫다고 했다. 그가 가족과 멀리 떨어져 있는 이유는 바로 가족을 사랑하기 때문이다.

6일차: 땀 흘려 일하는 기쁨이 먼저다

새벽부터 부산했다. 마약에서 벗어나 번듯한 일거리를 찾기 위해 공동체에 들어온 박진규(42세) 씨와 이채성(42세) 씨의 얼굴이 밝았다. 재활할 수 있다는 희망에 부푼 모습이었다. 둘은 공동체 생활을 하며 마약을 끊은 지 각 10년, 3년째가 됐다.

"이 일(이삿짐센터)을 시작하고 사흘 밖에 안 됐는데 몸이 말도 아니게 피곤하네. 그래도 이제껏 날 기다려준 고마운 아내를 생각해서 정신 차려야지."

10년째 약을 끊고 있는 진규씨는 부인 이야기를 꺼낼 때마다 입가에 흐뭇한 미소가 번졌다. '마약만 하지 말고 다니라'고 입버릇처럼 말해온 부인. 그 기대를 저버리지 않기 위해 박씨는 공동체에서 주선한 이삿짐센터에 취직했다.

"땀 흘려 일해서 빨리 아내에게 돈을 갖다 줘야 해."

그의 입에선 연신 부인과 열아홉 살 된 딸에 대한 이야기가 흘러나왔다. 채성씨는 아직 미혼이다. 오늘 아침 나는 센터로 출근하는 길에 택시를 탔다가 석바위 삼거리에서 채성씨를 태웠다. 그는 전날 과음을 해서 술이 덜 깬 상태였다. 택시에 타자마자 여자 친

— 마약의 유혹을 이기기 위해 땀 흘려 일하는 재활 공동체 구성원들. 이삿짐센터에 취직한 이채성(왼쪽) 씨와 박진규 씨가 함께 짐을 옮기고 있다. **사진 박재현**

구에게서 전화가 걸려왔다. 전화기 밖으로 작게 들리는 저편의 목소리.

여자친구: 어젯밤에 왜 전화 안 받았어?

채성씨: 어제 술 좀 마시고 일찍 잤어.

_ 전화 안 받으면 나, 불안해하는 거 알면서 왜 그래?

_ 미안해.

_ 나, 안 보고 싶어?

_ 보고 싶지.

_ 사랑한다고 말해줘.

_ 사랑해, 사랑해.

_ 그래도 아침 일찍 일 나가는 것 보니까, 어젯밤에 딴짓은 안 했나 보네.

_ 당연하지. 별걱정을 다 한다, 너는.

_ 우리, 결혼 안 해?

_ 해야지, 해야지. 그런데 우리 집에서 동전 지갑이 없어졌거든. 너, 혹시 못 봤냐?

_ 아니. 무슨 지갑인데?

_ 동전 지갑인데 거기에 귀걸이랑 목걸이를 좀 넣어놨었거든.

_ 못 봤어, 이 새끼야.

예전에 동거했던 여성이라고 했다. "아직도 만나요?"라고 내가 묻자 "헤어지려면 시간이 좀 필요하잖아. 지금 그 단계야"라고 답했다.

진규씨가 일하는 도중에 채성씨를 탓했다. 일을 게을리하는 모습이 못마땅한 듯했다.

"이렇게 일해선 우리, 좋은 대접 못 받아. 이거라도 열심히 안 하면 뭘 하고 살 거야. 사람들이 우리를 보고 어떻게 생각하겠어?"

진규씨의 지적을 듣고 채성씨가 화를 내면서 먹살잡이로까지 이어졌다. 두 사람을 간신히 뜯어 말렸지만 분위기는 차갑게 식었다. 그래도 옆에서 둘을 바라보는 진목사의 얼굴에는 웃음이 떠나지 않았다.

"땀 흘려 돈을 벌려는 노력이야말로 재활 과정에서 필수적인 겁니다."

진목사 역시 마약 투약자였다. 경찰인 아버지를 보며 유복한 가정에서 자랐지만, 젊은 시절 조직폭력배와 어울렸다. 서울 강남에서 유흥업소를 운영했고, 흥청망청 돈을 쓰다가 우연히 마약에 손을 댔다고 한다. 그 뒤로 필로폰을 비롯해 온갖 마약을 다 섭렵했다. 마약에 빠져 일상이 망가지니 그동안 번 돈이 사라지는 건 한순간이었다. 재산을 탕진하고 가족마저 떠나자 극단적인 선택을 시도하기도 했다.

"제대로 살아보려고 발버둥을 쳤지만 일해서 돈 벌기가 쉽지 않았죠. 결국 쉽게 돈을 벌기 위해 필로폰 판매에까지 손을 뻗었어요. 노동을 해서 돈을 버는 기쁨을 깨닫지 못하면 이러한 굴레를 벗을 수가 없어요."

진목사는 재활의 근간은 노동과 직장이라고 다시 한 번 강조했다.

7일차: 그는 돌아오지 않았다

점심 무렵 용훈씨가 갑자기 나를 찾았다.

"지금 어디에 있어? 오는 데 오래 걸려도 좋으니 점심 같이 먹자."

평소 같지 않은 흥분된 목소리였다. 차로 30분 걸려 용훈씨가 있는 순대국밥 집에 도착했다. 왠지 불길했다. 용훈씨는 소주 한 병을 이미 비웠다. 국밥에 밥을 말았는데 밥알이 그대로 퉁퉁 불어 있는 걸 보니 한 숟가락도 뜨지 않은 것 같았다. "마약을 하고 나면 밥을 먹지 못한다. 식욕이 아예 없어지는 것이 가장 흔한 증상이다." 합숙 생활을 시작할 때 신목사가 한 말이 떠올랐다.

용훈씨는 나를 보자마자 인사도 거른 채 마구 말을 쏟아냈다. 평소와는 다른 모습이었다.

"내가 이런 대접을 받으며 살 사람이 아니야. 지각 좀 했다고 그렇게 화를 낼 수 있는 거야?"

일을 하는 중에 아마 관리자랑 다툰 모양이었다.

"제발 진정해요." 내 말에 대뜸 마약 이야기를 꺼냈다.

"나랑 어디 좀 가자. 그거 한번 해볼래?"

"뭘 해봐요?"

"알잖아, 그거. 지금 당장 내가 구할 수 있어. 뽕, 있잖아, 그거, 아무것도 아냐. 한번 하면 기분 좋아진다. 어젯밤에 부산에서 올라온 친구랑 600만 원 쓰고 왔는데, 그 친구가 지금 근처에 있다. 지금 가면 되는데, 좀 하자. 에이, 호기심 있네, 지금 해야겠네. 이거 한 번 하는 것은 느낌만 좋고 말아. 걱정 안 해도 돼."

그를 향해 버럭 화를 내고 거듭 진정하라고 말했다. 그는 멍하니 나를 쳐다보았다.

"여기 도저히 못 있겠다. 나, 부산 가련다."

그는 이 말을 남기고 곧장 자리를 떴다. 용훈씨는 돌아오지 않았다. 그 뒤로도 공동체에서 보지 못했다. 이날 숙소의 분위기는 무겹게 가라앉았다. 저마다 용훈씨의 이탈을 아쉬워했다. "지독한 저주"라고 했다. 용훈씨는 지금 어디에 있을까. 그들은 그렇게 '절대 끊을 수 없는' '가장 큰 형벌'과 사투를 벌이고 있었다. 나는 그 자리를 비집고 들어온 것이다.

10일차: 감방 가는 것이 복 받은 거다

"왜 그렇게 꾸물거려요. 좋은 말로 할 때 빨리 소변검사 끝내고 가요!"

"공무원이면 답니까? 왜 다짜고짜 화부터 내요. 사람을 범죄자 취급하는 거야?"

채성씨와 함께 찾아간 인천보호관찰소에서 고성이 오갔다. 마약 투약 혐의로 법원에서 보호관찰 명령을 받은 채성씨가 소변검사를 받기 위해 간 자리다. 이날 보호관찰소를 찾은 남성은 스무 명 정도 됐다. 씩씩거리며 사무실에서 나온 채성씨가 내게 말했다.

"소변검사를 얼마나 자주하는 것이냐고 물었을 뿐인데, 사람 얼굴은 쳐다보지도 않고 손을 휘젓기만 하네."

담당 공무원이 귀찮다는 식으로 자신을 대하는 태도에 화가 잔뜩 난 것이다.

"말은 보호관찰인데, 실상은 범죄자 감시야. '너는 뽕쟁이니까 부르면 잔말 말고 소변검사 받으러 와라' 이런 식이지. 치료를 돕기는커녕 사회로 복귀하는 데 필요한 교육도 하지 않으면서 무작

— 인천보호관찰소에서 보호관찰 준수 사항을 설명하는 교육. 사진 박재현

정 감시만 하는 거야."

흥분한 목소리는 신세 한탄으로 변했다.

"우리끼리는 감방 가는 게 차라리 복 받은 것이라고 해. 우리는 마약에 중독됐을 뿐인데, 사람 때리고 괴롭히고 잔인하게 죽인 범죄자보다 더 비하하잖아."

채성씨는 소변검사를 받고 숙소로 돌아오는 길에서는 침착을 되찾았다.

"자기 합리화를 하자는 게 아냐. 사회에 중독자를 '인간 말종'으로 보는 분위기가 퍼져 있다 보니 다시 마약을 찾는 경우가 생기는 거야."

채성씨는 "정부에서 우리 같은 사람에게 최소한의 도움의 손길

33. 출소자 재활 공동체에서 보름 합숙

이라도 보내주면 좋겠는데 교회나 자선단체 아니고는 관심도 없다"고 했다. '정부에서 뭘 해줬으면 좋겠냐'고 묻자, 그가 말했다.

"처벌에만 치중하지 말고 우리를 환자로 봐줬으면 좋겠다. 흡연자나 알코올 중독자를 치료하는 센터처럼 말이야."

그의 기대 수준이 높은 걸까. 정부는 별 관심이 없는 것 같다.

13일차: 중독 부부의 소망

"누구나 선입견이라는 게 있죠. 그런데 지내다 보니 보통 사람들과 다를 바 없어요. 그걸 깨닫는 계기가 없었을 뿐입니다."

공동체 구성원들에게 일자리를 제공하는 이삿짐센터 사장 정성훈(48세) 씨와 부인 옥정희(41세) 씨를 센터 사무실에서 만났다. 마약 경험이 있는 사람들에게 일자리를 제공하는 게 꺼려지지 않느냐는 질문에, 정씨는 "일종의 투자"라고 답했다. 뜻밖이었다.

"이들의 의지에 투자하는 거죠. 지금껏 지켜보니 다른 직원과 다를 게 하나도 없어요. 제 돈을 허투루 쓰는 게 아닙니다."

정씨는 스스로를 담배 중독자라고 했다.

"담배 흡연이 불법이라면 저는 지금쯤 이들이랑 똑같은 범법자 신세가 돼 있을 거예요. 어떤 중독이 합법이냐 불법이냐의 차이죠. 이슬람이나 일부 동남아 국가에선 술을 마시면 태형까지 받곤 하잖아요."

정씨가 마약 중독자를 편견 없이 바라보게 된 이유는 또 있다.

부인 옥씨와 결혼하면서다. 옥씨는 다섯 차례나 법의 심판을 받은 마약 중독자다. 정씨는 아내를 처음 만날 당시에는 그녀의 과거를 알지 못했다고 한다. 옥씨는 "뒤늦게 제가 마약을 했다는 사실을 알게 된 남편은 그건 과거일 뿐이고 다른 사람들과 별 차이가 없다고 했어요"라고 말했다.

정씨는 방송이나 영화에서 마약 투약자를 정신병자나 살인마처럼 묘사하는 태도를 지적했다.

"마약에 중독돼 치료가 필요한 사람을 가둬 놓는다고 병이 나을까요? 중독자가 소속감과 자존감을 찾도록 일자리를 지원해주는 일이 병행돼야 합니다."

15일차가 되어 공동체를 떠나는 마지막 날도 평소와 다를 게 없었다. 다들 아침 일찍 일터로 나섰고, 마약 이야기만 나오면 여전히 두려워했다. 용훈씨가 달아난 일은 이미 잊혀졌다. 누군가 떠나는 내 손을 꼭 잡고 이렇게 말했다.

"우리에 대한 편견을 거두고 우리를 잊지 말아달라."

반드시 재활에 성공하겠다는 다짐보다 더 무겁게 다가온 짧은 한마디였다.

34. 마약 밀매 신고한 한 선장

2005년 9월 27일 브라질 정부는 코카인 1200킬로그램을 남미 수리남에서 아프리카 세네갈로 밀반입하려던 남미 국제 마약 조직을 적발했다고 발표했다. 4000만 명(1인 1회 흡입량 0.03그램)을 중독되게 만들 수 있는 분량이었고, 브라질의 마약 단속 사상 세 번째로 큰 규모였다.

그런데 당시 마약을 운반한 한국인 선장이 목숨을 걸고 탈출해 신고한 사실은 세상에 알려지지 않았다. 코카인 운반선이 수사 당국에 붙잡힌 데는 당시 배의 키를 잡았던 남성희 씨의 역할이 컸다. 그는 승선해 있던 마약 조직원을 제압하고 천신만고 끝에 탈출에 성공했다. 승선과 탈출, 신고 과정은 영화처럼 극적이었다.

수리남에서 코카인을 싣고

남미의 오지 수리남에서 원양어선 선장 생활을 하며 8년 동안 머물던 그에게 솔깃한 제안이 온 것은 그해 8월 말이었다. 새우잡이 등을 하며 한 달에 3000달러쯤을 받고 있었다. 8월과 9월은 고기가 잘 안 잡히는 비수기였던 터에 평소 알고 지내던 교포 이영희 씨가 다른 일거리를 소개해주었다. 정글에서 생산되는 광석을 세네갈까지 실어 가면 수고비를 준다는 것이다. 일이 어렵지 않아 보여서 선뜻 응했다. 선장으로서 키만 잡고 있다 돌아오면 되는 일이었다. 항해를 도울 재중동포 두 명과 함께 100톤급 운반선 한국호의 상태를 점검했다.

9월 1일 배가 출항했다. 좌표는 북위 10도, 서경 50도. 한 번도 가보지 않은 길이지만, 그곳도 바다라고 생각하니 20년 동안 배를 몰아온 그에게 두려울 것은 없었다. 접선지에서 기다린 지 이틀이 되었을 때 교포 이씨가 수리남인 한 명, 콜롬비아인 두 명과 함께 조그만 배(80톤 정도)를 타고 다가왔다. 주변 낌새가 좋지 않았다. 기분 탓이려니 했는데, 광물을 받기로 한 9월 7일 브라질 공해상에 느닷없이 쌍발 비행기가 나타났다. 구름 저편에서 비행기가 보이는 순간 어렴풋이 감이 왔다. 받을 물건은 광석이 아니라 코카인이라고 했다.

비행기는 한 번에 네다섯 개씩 포장된 물건을 일고여덟 차례 바다로 떨어뜨렸다. 이씨의 배에 탄 이들이 보트로 물건을 한국호에 옮겨 실었다. 포장을 뜯어보니 가로 30~35, 세로 15~20센티미터

34. 마약 밀매 신고한 한 선장

정도의 직육면체 내용물이 보였다. "코카인"이라고 태연히 말하는 콜롬비아인을 보고 두려움이 엄습했다. "코카인은 곤란하다"고 항의하는 그에게 뜻밖의 대답이 돌아왔다.

"너도 이제 공범이다. 거부하고 이대로 수리남에 돌아가면 우리 조직원들에게 살해된다."

협박이었다. 곧 그들은 일을 마치는 대로 10만 달러를 주겠다는 말로 그를 구슬렸다.

마침 마약을 싣는 일을 돕던 이씨의 배가 엔진 고장을 일으켰다. 그 배를 예인해 수리남 근처에 정박시켰을 때 콜롬비아 마약 조직원 한 명이 한국호에 올라탔다. 자신이 동행해 세네갈로 인도할 것이라고 했다. 그렇게 남씨와 재중동포 두 명, 콜롬비아 조직원 한 명이 한배에 타게 됐다. 15~20마일 뒤에는 감시선이 따라왔다. 벗어날 방법이 없었다.

며칠간 고민한 끝에 남씨는 '마약을 운반할 수는 없다'는 결론을 내렸다. 세네갈에 도착하는 대로 마약 조직원들에게 살해되거나, 운이 좋아 살아나도 교도소에서 평생을 살게 될 것이다. 재중동포 선원들도 탈출에 동참하기로 했다.

9월 16일 천우신조처럼 폭우가 내리는 날 콜롬비아 조직원은 멀미에 연신 구토를 했다. 그사이 엔진에 이상이 생겼다고 시간을 끌면서 예정된 항로를 조금씩 이탈했다. 망망한 대서양에서 배가 어디로 가는지는 선장 말고는 아무도 몰랐다. 그때까지 따라오던 감시선이 보이지 않았다. 기회를 틈타 선원들과 함께 조직원을 제압하고 위성전화를 빼앗았다.

이제 살았다. 9월 19일 북위 10도 30분, 서경 34도 30분, 아직 남미 해역이었다. 인근 베네수엘라 한국대사관과 연락이 닿았다. "엄청난 양의 마약을 싣고 있다"고 신고하고 신변 보호를 요청했다. 대사관의 지시에 따라 브라질 포르탈레자 항구에 도착했다.

악몽의 20일이었다. 인터폴 수사관과 브라질 연방경찰 십여 명이 승선해 콜롬비아인을 제압했다. 현지의 한국 외교부, 국가정보원 직원들도 마중 나와 "대단한 일을 해냈다"며 남씨를 추켜세웠다. 코카인 1200킬로그램, 시가 3600만 달러에 상당하는 물량이라고 했다. 경찰은 큰 건을 잡았다며 공포탄을 쏘아댔다. 그의 인생에서 가장 뿌듯한 순간이었다.

그러나 거기까지였다. 10월 1일 브라질 당국의 조사를 받고 나서 그는 아무런 대책 없이 한국으로 인도됐다. 인천국제공항에서 한국 경찰의 조사를 받은 후 '자유의 몸'으로 풀려났다. 하지만 고국에 도착한 순간 악몽이 시작됐다. 생활 근거지였던 수리남으로는 보복이 두려워 돌아갈 수 없고, 돈도 없고 연고도 없는 한국은 그에겐 낯선 타지일 뿐이었다. 수리남을 떠날 때 입었던 남루한 옷을 아직도 입고 있는 자신을 발견하고는 눈물을 펑펑 쏟았다.

— 생사를 넘나드는 굴곡진 삶 끝에 원양어선 선장에서 횟집 주인으로 변신한 남성희 씨가 예약 손님인 장군들에게 내놓을 회를 가지런히 접시에 놓고 있다. 군인들의 필수품인 깔깔이(방한 내피)를 착용한 것은 손님들을 위한 그만의 예우다. 사진 김주영

대한민국에 철저히 버림받고

갈 곳 없는 남씨는 경찰의 안내를 받아 인천의 한 노숙인 시설에 수용됐다. 자신을 받아주고 성심 성의껏 대해준 사회복지사들이 그저 고마울 따름이었다. 자신은 노숙인이 아니고, 알코올 중독자는 더더욱 아니었지만, 한동안 그곳을 떠나기가 두려웠다. 답답하고 막막했지만 마약 조직원들이 찾아와서 자신을 죽일지도 모른다는 공포에 시달렸다. 조만간 한국 정부에서 자신의 공적을 인정해 줄 것이라는 기대감으로 모진 세월을 꿋꿋이 버텼다.

2005년 11월 검찰에서 드디어 남씨를 불렀다. 공적 인정과 보상을 기대했지만 정부는 철저히 그를 외면했다. 검찰이 그를 부른 이유는 정부가 아무것도 해줄 수 없다는 점을 설명하기 위해서였다.

귀국하면 보상이 가능할 것이라는 정부 관계자의 말은 온데간데없었다. 외교부와 국정원, 검찰은 그의 노고를 치하했지만, 정작 실질적 혜택은 전무했다. 검찰 관계자는 "국외에서 발생한 일이라 보상을 해줄 수 없다"는 말만 되풀이했다. 청와대에 진정도 했지만 같은 답변이 돌아왔다.

남씨는 "지금 내 처지를 보면 누가 목숨 내놓고 마약범죄를 신고하겠느냐"며 눈물로 호소했지만 달라지는 건 없었다. 4000만 명을 마약 중독 위기에서 구한 그가 기댈 곳은 어디에도 없었다. 남씨는 사람들이 왜 자살을 하는지 알 것 같았다. 죽고 싶은 심정뿐이었다.

입에 풀칠이라도 해야 했기에 2006년 2월 사회복지 시설을 빠져나와 선박 회사에 취직했다. 전국을 돌며 바다 쓰레기를 치우는 잡일을 시작했다. 화물 운송 회사에서 막일도 했다. 잠은 여관이나 빈 배를 전전하며 아무데서나 잤다.

한국에서 남씨는 한동안 없는 존재였다. 죄인도 아닌데 죄인처럼 숨어 지냈다. 마약 조직의 보복이 두려워 신분증을 일부러 만들지 않았기 때문이다. 김철수라는 가명으로 세상에 알려지기도 했다. 고향에 있는 팔순 노모가 보고 싶었지만 찾아볼 수도 없었다.

밤마다 흘리는 눈물은 마른 지 오래다.

조국에 더 이상 기대할 것이 없었다. 어차피 헝클어진 인생, 그는 마음을 비우고 죽도록 일에만 매달렸다. 2006년부터 2008년까지 사력을 다해 돈을 모았다. 2009년 초 충남 계룡에 둥지도 틀었다. 원양어선 경력만 20년이라 생선 요리만큼은 자신이 있었던 그는 오랜 시간 꿈꿔온 횟집을 열었다.

계룡 엄사리, 굴곡진 그의 인생을 상징하듯 이름은 어선횟집으로 지었다. 테이블은 고작 다섯 개에 불과하지만 길고 긴 유랑의 시간을 끝내고 정착했다는 것만으로도 그의 가슴은 벅찼다. 인생의 변곡점을 지난 셈이었다. 어선횟집 주인 남씨의 회 치는 솜씨는 예술 그 자체였다. 금방이라도 튀어 오를 것 같은 광어를 같은 크기에 같은 모양으로 한 치의 오차도 없이 칼질한다.

이제는 육군 장성들이 찾는 횟집으로 자리 잡을 만큼 입소문이 났다. 장성들이 회 두어 점을 고추장에 한껏 담가 먹더니 이내 엄지손가락을 치켜세운다. "살살 녹는다"고 칭찬이 자자하다. 분식점을 개조해 만든 아담한 횟집이지만 군인들 사이에선 으뜸이라고 소문난 곳이다. 이제는 좀 더 번듯한 곳으로 이전해 손님을 맞이하고 있다.

손님을 응대하느라 남씨의 얼굴에선 웃음이 떠나지 않았다. 하지만 까맣게 그을린 피부와 자글자글 주름진 손등은 그의 반백 년 인생이 그리 순탄치만은 않았음을 짐작케 한다. 새로운 삶을 시작하기 전 그는 마음속으로 정리할 것이 하나 있다.

"조국에 대한 원망은 이제 접으렵니다. 그래도 대한민국 땅에서 밥 벌어 먹고살고 있지 않습니까."

장고 끝에 최근 신분증을 새로 만든 그는 2010년 1월 김철수라는 가명을 버리고 세상을 향해 자신의 진짜 존재를 처음 드러냈다.

"제 이름은 남성희입니다."

망망대해에서 목숨을 걸고 마약 조직원을 물리치고 세상을 구했지만, 그는 한국 정부에 철저히 버림받았다. 삶의 터전은 물론 희미하게나마 눈앞에 아른거렸던 희망조차 잃은 그는 나락으로 추락했다. 4년간의 방황과 좌절로 몸부림치던 남씨는 마지막 한 줄기 불빛에 의지해 기적처럼 자신을 곧추세웠다.

34. 마약 밀매 신고한 한 선장

중독 인생

1판 3쇄 발행 2023년 10월 9일
1판 1쇄 발행 2019년 5월 25일

지은이 강철원 · 안아람 · 손현성 · 김현빈
펴낸이 임후성
펴낸곳 북콤마
디자인 Sangsoo, Miso

등록 제406-2012-000090호
주소 (413-756) 경기도 파주시 문발동 파주출판단지 534-2 201호
전화 031-955-1650 팩스 0505-300-2750
이메일 bookcomma@naver.com 페이스북 facebook.com/bookcomma
블로그 bookcomma.tistory.com 트위터 @bookcomma

ISBN 979-11-87572-16-9 (03300)